the GREAT Creation

了不起的创造！

探享家 EM: 03

出版人 & 总经理➡苏静
Publisher & General Manager ➡ Johnny Su

主编➡鲍班贝
Editor-in-Chief ➡ Johnny

艺术指导➡马仕睿
Art Director ➡ Ma Shirui

内容监制➡胡任婧妍
Content Produser ➡ Konin

内容出品➡ BBB
Production ➡ BBB

编辑➡林默成
Editors ➡ Lin Mocheng

特约撰稿人➡猫镜 / Suzu / 静电场朔 / 张多多 / 姜俊彦 / 刘念慈 / 周英男
Special Correspondent ➡ Mirror / Suzu / Seidenba Saki / Zhang Duoduo / Jiang Junyan / Liu Nianci / Zhou Yingnan

策划编辑➡王菲菲
Acquisitions Editor ➡ Wang Feifei

责任编辑➡胡任婧妍
Responsible Editor ➡ Konin

营销编辑➡孙千傲
PR Manager ➡ Sun Qian'ao

平面设计➡ typo_d: 马仕睿 / 黄莹
Graphic Design ➡ typo_d: Ma Shirui / Huang Ying

EM 系列特集独家赞助方：LEXUS 雷克萨斯中国 · 丰田汽车（中国）投资有限公司

发行支持：中信出版集团股份有限公司，北京市朝阳区惠新东街甲 4 号，富盛大厦 2 座，100029

图书在版编目（CIP）数据

探享家. 了不起的创造！/ 鲍班贝主编. -- 北京：中信出版社, 2018.4

ISBN 978-7-5086-8828-2

Ⅰ. ①探… Ⅱ. ①鲍… Ⅲ. ①社会科学 – 通俗读物 Ⅳ. ①C49

中国版本图书馆 CIP 数据核字 (2018) 第 057985 号

探享家 · 了不起的创造！

●主编：鲍班贝 ●策划推广：中信出版社 ●出版发行：中信出版集团股份有限公司（北京市朝阳区惠新东街甲 4 号富盛大厦 2 座 邮编 100029）**●承印者：北京顶佳世纪印刷有限公司 ●开本：787mm×1092mm 1/16 ●印张：9.75 ●字数：181 千字 ●版次：2018 年 4 月第 1 版 ●印次：2018 年 4 月第 1 次印刷 ●书号：ISBN 978-7-5086-8828-2 ●广告经营许可证：京朝工商广字第 8087 号 ●定价：59.80 元**

Editor's Notes
卷首语

“科技是国家强盛之基，创新是民族进步之魂。”没有创造，就没有进步，我们就会永远重复同样的模式。因为人类了不起的创造，我们才得以在这片土地上繁衍生息，孕育文明。

创造是人类有意识地对未知的探索。在探享家眼中，世界如同一块帆布，亟待扬帆起航。创造则是一场盛大的冒险，从无到有，破旧立新，伴随人类不断探索未来的生活方式，走向下一个新世界的黎明。

18 世纪 60 年代，以蒸汽机为标志的第一次工业革命轰轰烈烈展开，大规模机械化生产开始取代个体手工。百年后的第二次工业革命使人类迈进了电气时代。而 20 世纪中叶开始的第三次工业革命再一次让人类看到了科学技术的强大驱动力。人类社会生活的进步离不开创造，而创造也永远伴随着时代发展的脚步永不停歇。如今，以人工智能、清洁能源、无人控制技术、量子信息技术、虚拟现实以及生物技术为主的全新技术革命悄然到来。新一轮科技革命和产业变革正在孕育兴起，一些重要科学问题和关键核心技术已经呈现出革命性突破的先兆。

创造也并非局限于某一领域，它是教育、培养和实践的结合的成果。创造不仅限于科学，在艺术文化、人类情感及认知等领域内的创造同样饱含着极高的社会价值，在社会进步中发挥着重要作用，丰富并温暖着我们的生活。这样的创造既有人道主义与人文情怀，也不乏科学的严谨求实和精雕细琢。

创造的灵感来源于不妥协，将原本看似无关甚至对立的元素有机地结合在一起，从而缔造新的可能。“惟创新者进，惟创新者强，惟创新者胜。”为此，我们采访了跨领域的技术专家团队、通过新装置探索现代社会沟通方式的“相机生命体”、使用古老传统乐器吹奏现代音乐的尺八演奏家、在建筑设计改造中思考人与社会关系的建筑家以及多位青年艺术先锋等国内外各界人士。通过对话，我们可以了解到他们灵感迸发的源泉；体会到他们始终不渝地坚持不妥协的创造宗旨；看到他们挑战自我，不断激发自我的创造潜能；并预见到人类未来更加精彩、更多元化的生活方式。

在不妥协中创造，方有无限可能！

⬇ 2018 年 LEXUS 雷克萨斯全球设计大奖展板演示作品 —— 共生（CO-Living）

青山周平 处处无家处处家 ◎ 中国

灰昼 Dialogue ◎ 中国

辜笑（Xiao Freya Gu） Experiential Master ◎ 美国

Studio Drift 科技、灯光与生命 ◎ 荷兰

王奥林 Experiential Master ◎ 中国

Alexandra Kehayoglou 地毯编织起的奇妙国度 ◎ 阿根廷

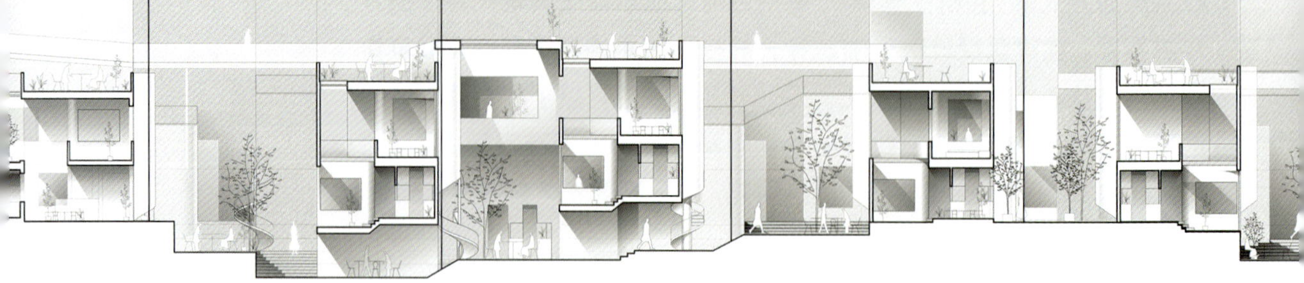

极影 Adventure X Photographer ◎ 美国

Ranulph Fiennes Experiential Master ◎ 英国

杨明洁 Dialogue ◎中国

于瑶 插画师◎中国

SeeekLab 装置连接情感，体验诉说故事◎中国

Eric Siu（萧子文） 用科技触碰心弦◎中国

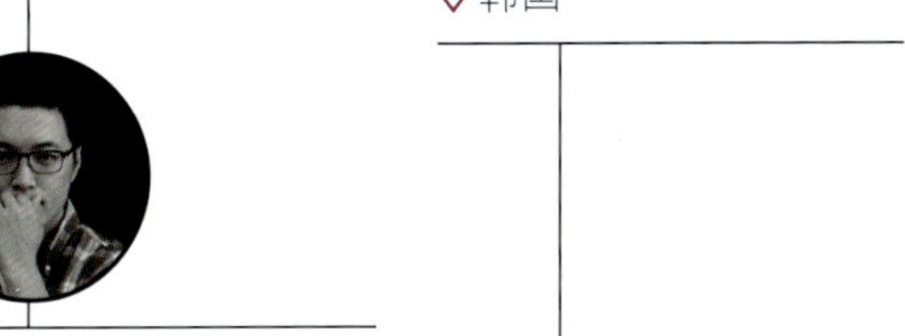

许博尧 Experiential Master ◎中国

1MILLION 彰显灵魂艺术◎韩国

户水贤志 玻璃珠里的宇宙大观◎日本

明和电机 制造音乐与超常识机械◎日本

静电场朔 当静电场朔遇见新锐艺术◎日本

小凑昭尚 佛音入尘世◎日本

teamLab 建立新的联系：数字技术和艺术◎日本

Contents

Feature

科技改变生活 而他们改变科技
Technology Changes LIFE They Change Technology
13

装置连接情感 体验诉说故事
DEVICE connects Emotion Experience Narrates the STORY
19

STUDIO DRIFT：科技、灯光与生命
STUDIO DRIFT: technology, light and LIFE
29

建立新的联系：数字技术和艺术
Establish new connections: DIGITAL TECHNOLOGY and ART
39

用科技触碰心弦
TCHNOLOGY for Embracing Your HEARTS
53

佛音入尘世
BUDDHIST Rhythm into MUNDANE WORLD
63

地毯编织起的奇妙国度
A WONDERLAND waved by CARPET
71

处处无家处处家
Buildings are EVERYWHERE
81

玻璃珠里的宇宙大观
SPACE GLASS: the Macrocosm within GLASS BUBBLES
93

明和电机制造音乐与超常识机械
MAYWA DENKI Make music and NONSENSE MACHINE
103

当静电场朔遇见新锐艺术
When SENDENBA SAKI meets NEW ARTS
109

1MILLION 彰显灵魂艺术
1MILLION an expression of SOUL ART
119

Regular

Art Hand 129
Photographer 141
Experiential Master 151
Dialogue 161

1R5
R100

HEART OF

科技的创造之心

TECHNO-

所谓创造，产生于深入的思考，它是苦思冥想的产物。它绝不是偶然的心血来潮，也不是别人能给予的启示。科技的不断进步，需要人们思考再思考，深入再深入地研究才能有真正的创造。

创造之心是人类特有的。它是知识、智力、体力及优良的人格等多因素综合优化构成的。它引领我们产生新思想，发现和创造新事物，更新技术，更新设备，创新方法，创作新作品。创造之心是一系列连续的、复杂的、高水平的心理活动。它要求人的整个身体和全部智力高度紧张，以及创造性思维在最高水平上进行。

LOGICAL
CREATION

New
Science
and
Technology
新锐科技

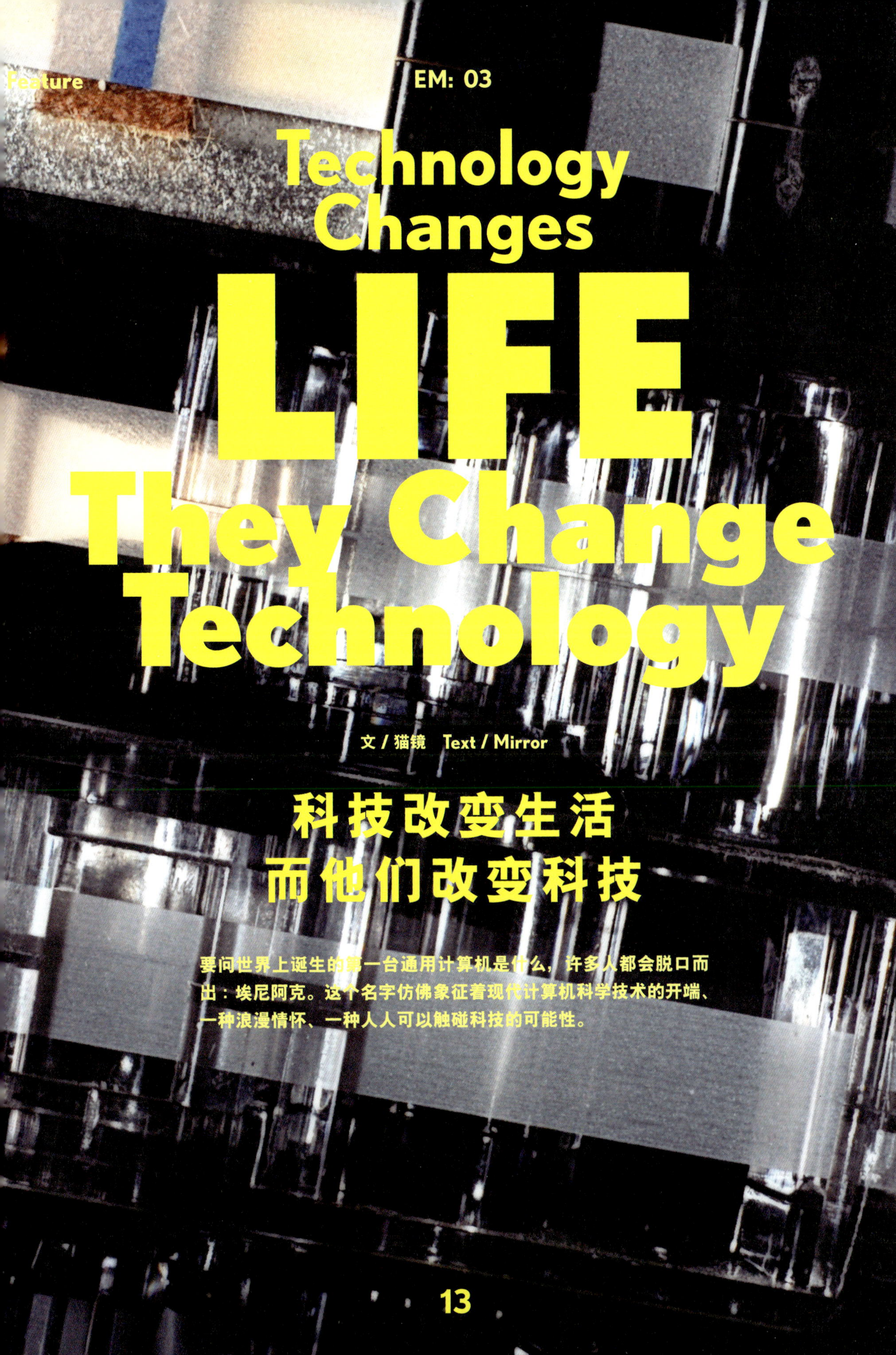

Technology Changes LIFE They Change Technology

文 / 猫镜 Text / Mirror

科技改变生活 而他们改变科技

要问世界上诞生的第一台通用计算机是什么，许多人都会脱口而出：埃尼阿克。这个名字仿佛象征着现代计算机科学技术的开端、一种浪漫情怀、一种人人可以触碰科技的可能性。

构成计算机的元器件经历过电子管、晶体管与集成电路的发展过程。埃尼阿克诞生于电子管时代，体积庞大，设计完成后的它占地约170平方米，并且操作复杂，运算性能也很低下，与民众的实用需求差了十万八千里。值得庆幸的是，高科技并不仅仅在战争中发挥作用，有着创造性头脑的人们认为电脑的小型化和个人化是整个计算机革命中必不可少的一环，试图将其变为民用。首先，专家们在电子元器件体积的减小上大做文章——1954年时已经出现了使用晶体管代替电子管的计算机，到了1958年，集成电路的使用更是使计算机体积大大减小。

但是这还不够。究竟要多小？说到“小”，很多人的第一反应一定是“苹果”。尽管苹果公司不是计算机的发明者，不是GUI（图形用户界面）首创者，甚至也没有率先生产出智能手机，但是其“小而美”的设计理念影响了无数人。同时，经营策略也帮助这家公司成功占领了电子设备市场，领袖风头一时无两。苹果在个人计算机发展史上的杰出贡献显而易见，但这样的贡献并不是乔布斯独立完成的。

目光转向苹果的另一位创始人——斯蒂夫·盖瑞·沃兹尼亚克，一个从小痴迷于电子设备的加州男孩。拥有数理逻辑和电子设计方面非凡天赋的沃兹，受到了工程师父亲的电子学启蒙和培养，12岁时就能用从仙童公司搞到的几个晶体管自制加减器，并在博览会上得到大奖。为了追求“真正的便携”，沃兹在20岁时本着“精致、简约”的设计准则，仅用大概20枚电脑芯片尝试组装了第一台电脑——奶油苏打水。这台电脑只有最基本的功能，开机甚至会因为过热而冒烟，很快便报废了。但它为沃兹赢得了比尔·费尔南德斯的青睐，在他的引荐下结识了乔布斯。

五年之后，沃兹在硅谷的“家酿电脑俱乐部”首次聚会上接触到一份技术规格文件，惊奇地发现它与“奶油苏打水”的理念不谋而合。他内心希望做出小而精致的个人电脑的念头再度萌芽，当晚就做出了Apple I的草图。

Apple I不完美，却成了一个好的开头，为苹果公司带来了最初的八万美元营收。此后，沃兹在比尔·费尔南德斯家的车库里组装出了Apple II。这台原型机的成功运行，让他们看到了微型个人计算机量产的可能。

⬆ 埃尼阿克（Electronic Numerical Integrator And Computer，简称 ENIAC），即电子数字积分计算机，是世界上第一台通用计算机。

沃兹虽然是个设计天才，却也很难在没有图纸的前提下独立列出 Apple II 需要的所有技术规格。由此他变身甲方，开始寻求一个能为他解决量产难题的乙方。好在命运向来神奇，车库的主人比尔·费尔南德斯不仅为沃兹和乔布斯牵线搭桥，提供车库，还为刚成立的苹果公司提供了一张最重要的"图纸"，比尔·费尔南德斯被从惠普挖过来，成为苹果公司的第一个全职雇员。费尔南德斯接到的第一个任务是提供量产 Apple II 的技术规格。他对原型机进行了反向测试，不负众望地成功破解原型机的工作原理，让 Apple II 成为当时最畅销的个人电脑。

1973 年，施乐公司的帕洛阿尔托研究中心开发出了第一台 GUI 个人电脑——奥托。奥托和之前的设备相比，最大的不同是配备了图形界面和鼠标，使得用户操作时的"所

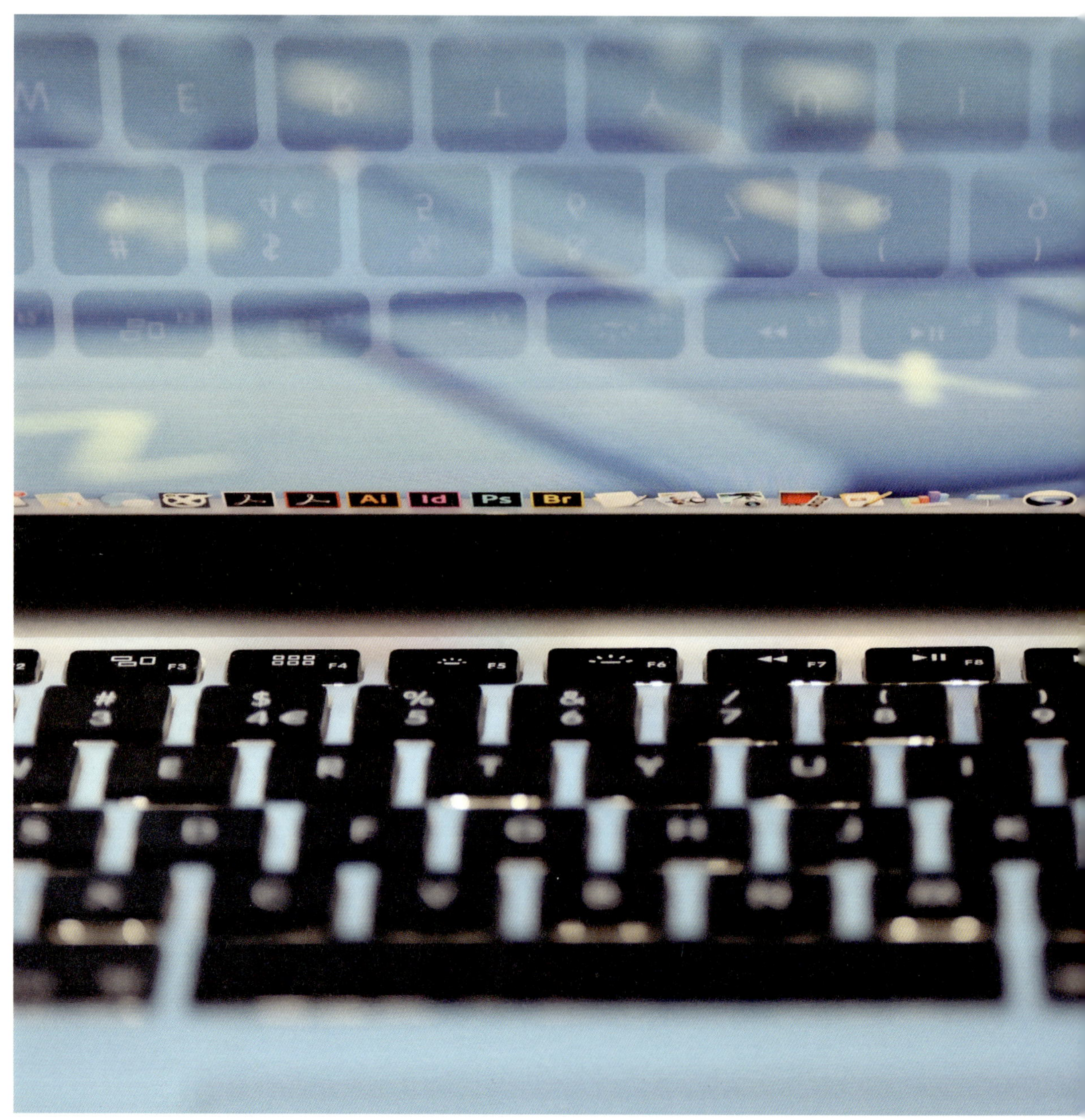

见即所得”成为可能。在此之前的计算机操作过程对用户而言是一行行的命令，只有在操作完成之后才能够看到结果。这对计算机的推广来说无疑是个巨大的障碍。当时奥托共计发售了 2000 台，虽不是真正意义上的广泛应用，但也已经打入各个领域，引起了乔布斯的关注。

1979 年 12 月，史蒂夫·乔布斯访问施乐研究中心，意外地发现奥托提供的鼠标驱动的图形用户界面大有前途。随后，他立即将其整合到 Lisa 系列和麦金塔系列的电脑中，打开了苹果公司继电脑小型化之路后，向图形界面发展的一扇新大门。

比尔·费尔南德斯这位苹果电脑小型化之路的幕后功臣，在量产难题解决之后，也为苹果的图形化界面做出了不小的贡献，有着“GUI 魔术师”的名号。可惜的是，费尔南德斯与乔布斯因为性格与理念屡次不合，最终分道扬镳。在他之后，Apple Lisa 的图形化界面工作就交到了另一个比尔即比尔·阿特金森手中。阿特金森经受住了种种不合理的要求与考验，譬如发明快速绘制矩形和圆形的算法之后，绞尽脑汁满足乔布斯要在界面上快速绘制圆角矩形的需求，还在轮班时机缘巧合地发明了下拉式菜单这种全新的交互形式……

尽管乔布斯与施乐公司的GUI界面的关系一直以来众说纷纭，但不可否认的是，没有阿特金森就没有现在的GUI界面。在阿特金森的助力下，GUI界面的苹果电脑最终获得了巨大的市场成功。

在苹果Lisa发布的同年11月，微软公司也发布了GUI界面的Windows 1.0系统，Lisa的诞生可以说是开创了一个商业化GUI的时代。可是，仅仅满足于商业的需求是不够的。富有创造性的发明家内心经常会抱有更加远大的梦想，使超越需求的发明被创造出来，改变整个人类社会对于“网络”的理解。

当电脑与电脑之间成功实现联系时，网络开始走入人们的视野。蒂姆·博纳斯·李在大学时代就十分期望人们能够跨越隔阂，在某个点上实现信息的无障碍读取与交换。欧洲原子核研究会建立的粒子实验室委托他进行的实验室之间的文件联机查询软件的开发工作，则成为他实现这一心愿的契机。

软件开发虽然不是蒂姆的本行，但是蒂姆为实验室编制成功了第一个高效局部存取浏览器“Enquire”。这次尝试成功激发了他的信心，使他相信能够成功制造出一种全球范围的网络。

蒂姆在研究中发现，早在1960年互联网的形式已经被发明出来，包括斯蒂夫·盖瑞·沃兹尼亚克在内，也体验过向网络发送请求并得到回应的操作，然而这一网络并没能流行开来。蒂姆总结了其中的原因，并在此后的研究中简化了链接到网络的操作，将本来枯燥的文本形式变得丰富多彩。1990年，万维网第一次成功地通过网络通信标志着万维网的诞生，蒂姆“万维网之父”的名号也由此而来。

基于对“软件大战”导致开发者沉迷经济利益，忽视万维网本身的信息传播性的担忧，蒂姆没有率先公开自己开发的浏览器，而是潜心致力于研究网络技术，放弃通过万维网获利的道路。也许这就是常人难以企及的，为人类、为科学事业奉献人生的科学家的境界。

或许是历史的必然，万维网浏览器软件的争霸还是如蒂姆所预见的发生了。第二次世界大战不仅强有力地推动了计算机发展，同样也推进了移动通信技术的发展。不过较之万维网上的风起云涌，手机网络的发展则显得稍稍落后了几步——此时的手机还在便携化道路上努力奔驰。

贝尔实验室首先完成了战地移动话机的发明。这种电报机比较笨重，需要一个人背着另一个人才能操作，但是已经在移动通信方面显示出了惊人的优势。摩托罗拉紧随其后，1973 年，马丁·库帕带领他的团队战胜了一直以来在电话以及无线电应用领域的强劲对手贝尔实验室，率先成功开发出了真正意义上的移动电话。

摩托罗拉和它的一众竞争对手在手机开发的道路上一路高歌猛进，把砖头一样的机器变得越来越小巧、时髦，迅速取代了寻呼机的流行地位。摩托罗拉甚至率先开发出了智能手机。

不过苹果公司提出的智能手机概念实在是过于新潮，这种概念一经出现就在手机市场中再度掀起革命。人们被新潮的概念激发了新的需求，市场风向突然发生巨大的转变，马丁·库帕无法接受苹果手机的概念，摩托罗拉最终也在激烈的竞争中败下阵来。

另外，无线网络通信技术迅猛发展，为智能手机及相关产业的研发提供了更广阔的空间。我们如今常用的两种上网方式——蜂窝移动网络和 Wi-Fi——能够分别适应用户的不同使用场景，手机上网变得十分便捷。

蜂窝移动网络实现了人们在移动中持续上网的愿望。与打电话、发短信等沟通行为不同的是，蜂窝移动网络需要传输更多数据，这会对切换基站时数据传输与算法要求更高。几年间，缓慢的 2G 网络已经被相较迅捷的 4G 网络所取代，在不久的将来，人类社会还会迎来 5G 时代。这场悄无声息的变革背后，是前辈开发者的一次次失败、再挑战的经验累积，是后辈开发者对于技术、对于如何借助技术构架更好地服务于人类的执着和苛求。

而让人能够在某个范围里高速上网的 Wi-Fi，其实是一个无线网络通信技术品牌。它诞生于澳大利亚悉尼大学工程系的一个研究小组，是由 IEEE（电气和电子工程师协会，全称是 Institute of Electrical and Electronics Engineers）选择并认定的无线网专利技术。

如今，超级计算机的项目依旧是由国家进行推动和研发的，但更多的民间组织为了计算机的普及应用，依旧在对这些精密器械进行研究。一方面因为商业利益，另一方面又充斥着发明人浪漫的追求。

沃兹尼亚克于 2015 年加入了以比特币为主的虚拟货币区块链公司 Planet Capital；费尔南德斯则将精力投入自己感兴趣的领域，研究全新的 UI 并且创办了自己的高科技公司；蒂姆·博纳斯-李在 2009 年创建了万维网基金会，致力于让万维网更好地为人所用；比尔·阿特金森在继续作为开发者的同时，还成为了一名自然摄影师……

或许人的需求甚至追求会不断变化，但是无论是技术改变人们的需求，还是人的需求推动技术的进步，总有那么一些人在努力将遥不可及或者冰冷的技术资料，转变为日常生活的一种全新打开方式。

DEVICE connects Emotion Experience Narrates the STORY

文 / 李晔 胡任婧妍　Text / Li Ye , Konin　图 / SeeekLab Photo / SeeekLab

装置连接情感 体验诉说故事

⬆ 新媒体艺术展“大雨，声音和发光体”，SeeekLab 为自闭症儿童设计。希望能借助这种体验方式，让孩子们去感受一种不需言表的默契。

“我们已经活在一个快节奏的时代，信息量太大，人与人之间的情感常常被淹没在无效的社交之中。科技的存在都是好事，与其反对它，不如接受它，我们想利用科技给大家带来情感的启示。”SeeekLab团队的创始人施伟嘉（Eddie）说。施伟嘉毕业于墨尔本皇家理工大学市场营销专业，有着独特的视角和人际交往能力，擅长发现微妙的细节。

Profile

SeeekLab是一个集合了跨学科背景人才的新媒体装置创作团队，热衷于艺术、媒体和科技的交叉创作。SeeekLab始终在作品中追求装置对于人类情感的意义，其创作跨越情感和科技之间的界限，找到表达观点的新方式。

施伟嘉是在一次展览上认识SeeekLab的另一位创始人田力的。2012年田力毕业于清华大学计算机系，取得了硕士学位，曾在厦门大学任教。离开校园后，他将精力集中在创新性科技装置的研发上，他的装置作品曾在中国美术馆、国家博物馆、中华世纪坛等国家核心展示机构展出，并多次参加国际知名展览和交流活动；现兼任清华大学创造未来实验室执行主任。

除田力和施伟嘉之外，SeeekLab还有一位女性创始人黄译洁。黄译洁是悉尼大学传播学专业硕士毕业，喜欢通过周游世界的方式去开阔艺术设计的眼界，并保持对其的激情。她拥有对一切新事物、新玩法的敏锐嗅觉。

SeeekLab擅长依据不同的主题和文化，打造具有功能性展示效果，甚至带来感官冲击的创意科技装置。“世界上最长的跷跷板”是团队成立之后的第一个新媒体装置。

而后，他们为自闭症儿童完成的新媒体艺术展“大雨，声音和发光体”在厦门JFC品尚中心开幕。在一个半封闭空间内，悬挂起能发光的雨滴形充气塑模。当用手轻拍雨滴时，所有的雨滴都会变换色彩，并在展厅内产生悦耳的响声。展厅内还设置了神奇的发光感应凳，当人们坐在感应凳上时，同样能引起整个空间内灯光和声音的变化。在这个环境中，所有的事物都因为“接触”而发生着变化。SeeekLab希望借助这种体验，让孩子们去经历一种不需言表的默契。

⬆ ➡ " 城市气泡 " 艺术展，SeeekLab 以 " 从个体到集体的表达匮乏 " 为灵感创作的作品，号召都市人群参与互动体验，为表达发声。互动者用手写的方式输入希望表达的信息，装置会将其还原到气泡上，完成后飘出，驻留在场地上方。

在 SeeekLab 的主页上有这样一句话："用科技传递感情，我们还能做点什么？"对于 SeeekLab 来说，"创作更多打动人心的作品"是他们一直想要做下去的事情。2018 年 SeeekLab 的新作，名为"城市气泡"（City Bubble）的可互动公共体验计划在厦门城市中心 SM 城市广场的空中连廊中呈现。这是一个为城市而生的公众体验计划，也是他们用新媒体装置为都市人群创造的一次集体表达的机会。SeeekLab 想做的装置是用科技去链接人与人、人与物的装置，是用科技的手段去传播人文和情感。在未来的时间里，他们还会继续努力创作出更多的好作品，将这些作品与更多的人分享。

⬆ “城市气泡”系列“情绪弹幕”，观众可以通过手机H5与城市中心的户外灯光装置进行互动，输入想说的话，对全城表露心声。

Q SeeekLab核心团队成员从前各有职业，是什么共通性让你们决定投身现在这份事业中并与彼此结缘的呢？

A 我们确实之前都是各自在从事比较“安稳”的工作。但是我们几个人都觉得很不满足，感觉心里面有很多想要表达的东西，而当时所在的环境没有给予我们机会。我们都很想做点事情，去找寻一些在很多人看起来可能很缥缈的“永恒的意义”。所以我们首先是价值观契合，然后是专业上很匹配。

Q 请给我们介绍一下SeeekLab的工作理念，以及团队最特别的唯一性特点。

A 关于理念，可以在SeeekLab的名字中发现。Seeek比单词Seek（寻找）多了一个字母“e”，除了“寻找、探寻”的意味之外，这三个字母“e”分别代表了Electronics（电子科技）、ntertainment（娱乐）和Enlightenment（启迪），也代表着我们的Body（身体）、

Soul（灵魂）、Spirit（精神）。
我们通过 Electronics（电子科技）的手段，去创造和传递 Entertainment（娱乐），最终希望能够通过我们的作品去 Enlightenment（启迪）人们。
关于这个，我们还有一个 SeeekLab 信条。

至于我们的唯一性，单纯追求酷炫的互动和效果，或是创作一些并不寻求公众理解的作品都是我们极力去避免的。首先是避免自己失去有趣的灵魂，沦为实现需求的工具。其次就是在作品里面必须有自我表达，但是也必须寻求甚至珍视公众的共鸣。我们的作品中往往会带着 SeeekLab 的立场和感受，用非常规的手段提供一个跳脱开日常的角度，让共鸣产生。

Q SeeekLab 希望人们怎样去理解创新性社交媒体装置？或者说，希望观众从你们的作品中体验到什么？

A 创新性社交媒体装置往往能够给人带来一种平时没有的体验，通常出其不意地在人们的生活中出现，我们希望人们都能抓住这种机会去体验。在体验时，我们也希望观众不要只是看到一个装置用了什么技术，实现了什么功能，而是通过社交媒体装置所提供的契机，去感受被放大了的生活，回味属于自己的高光时刻，并且从中获得能量。

SeeekLab 信条

我们对高维世界充满敬畏，对生命和真理充满好奇，对人类的神性充满赞叹。

我们决定要终生寻求这些非凡之事，结识非凡之人，把所感所得倾注于手中的工作，并第一时间毫无保留地分享给这个世界。

我们决定不去追逐名利和世俗的成功，只求能明白更多生命的真谛。

我们知道这注定是一条艰难的路，但我们相信我们并不孤独。

我们会形成一股力量，在世界的文化中激荡，生长出一朵奇特的花朵。

我们是 SeeekLab

我们选择做有温度的装置，以此给所到的每一座城市留下一段非凡的经历。

我们期待在每座城里遇到懂我们的人，和人们产生共鸣。

我们希望我们的作品不是高高在上的，即使是乞丐也有机会走进它们，获得难忘的经验。

我们希望在这个“宅”的时代，提供一个出行的理由，让人走出封闭的世界。

我们希望给人们带来快乐和启发，让城市更有爱。

我们是 SeeekLab

我们是艺术家、黑客、设计师、工程师，我们是旅游爱好者、吃货、麦霸，我们会犯错，会争吵，会痛哭，会玩笑，会让朋友崩溃。我们是某人的爱人，某人的爸爸、妈妈，某人的儿子、女儿，某人的兄弟、闺密，

我们是 SeeekLab。

⬆ SeeekLab 成立后第一个新媒体装置作品“世界上最长的跷跷板”，以关怀留守儿童家庭为装置创作初衷，表达了团队对于爱的理解。

Q **关于 SeeekLab 之前的作品“世界上最长的跷跷板”，是什么原因让你们想要去做这样一件作品，你们想通过这件作品表达些什么？**

A SeeekLab 里有个成员，他叫刘海滨，由于工作的缘故，海滨常年独自工作、生活在厦门。他的妻子和刚出生的孩子还留在山东滕州，而这也是社会中普遍存在的关于留守儿童的现象。于是我们就以海滨的名义，为孩子做了一个“世界上最长的跷跷板”，让他们父子即使相隔千里，也可以一起玩。我们其实做了两个跷跷板，分别放置在厦门和山东滕州，通过网络动态配重，让海滨在厦门压下跷跷板的时候，远在滕州的儿子就会被翘起来。跷跷板中间还有台显示器，可以实时看到彼此，就像在面对面一起玩一样。这个作品在媒体上引发了刷屏级的报道，在社会上引起了很大的反响。我们希望更多人可以通过这件事情，珍惜和孩子在一起的时光，关怀留守儿童家庭。更重要的，这个装置所表达的是我们对于爱的理解，那是一种超越时空、不远千里而来的感受。

Q **“书沙台”这个项目的创作灵感来源是什么？有没有遇到什么技术上或艺术层面的困难？**

⬆ 新媒体装置作品“书沙台”，用现代的手段做一件追忆过去的事情。软件与硬件相互配合，将笔迹重现在异地的沙面上。

⬆ 在沙子上书写象征易逝的时光和生活。

A 在“书沙台”里，我们用“见字如见人”的体验，让人慢慢地去体验来自亲人和朋友的情感。在完成“书沙台”这个作品的过程中，有很多技术挑战，比如笔画和机械结构的映射、笔迹点的拾取和优化等，也要面对很多我们不熟悉的领域，比如对接生产工厂、销售渠道、物流、仓储、产品众筹等。但是最难还是如何用现代的科技手法，体现古老的书写感觉。最后我们以沙为纸，以砚为形，在保留电子书写方便性的同时，尽可能地让书写更具观赏性。

Q 构思作品时遇到瓶颈期，比如没有灵感，或是出现一些难以实现的技术问题，团队会通过怎样的方法克服困难，解决问题呢？

A 我们在工作中设立了好几个“池”，有 mind pool（想法池）、tech pool（技术池），还有 need pool（需求池），有什么东西就分别往池里扔，然后找对应。日常的积累避免了我们创作枯竭的尴尬。

Q 和我们谈谈 SeeekLab 所预见的“新媒体装置”发展前景，为什么这样展望呢？

A 不同的时代会产生不同的媒介，这些媒介都会经历一个从不为人知到被大家广泛应用的过程。

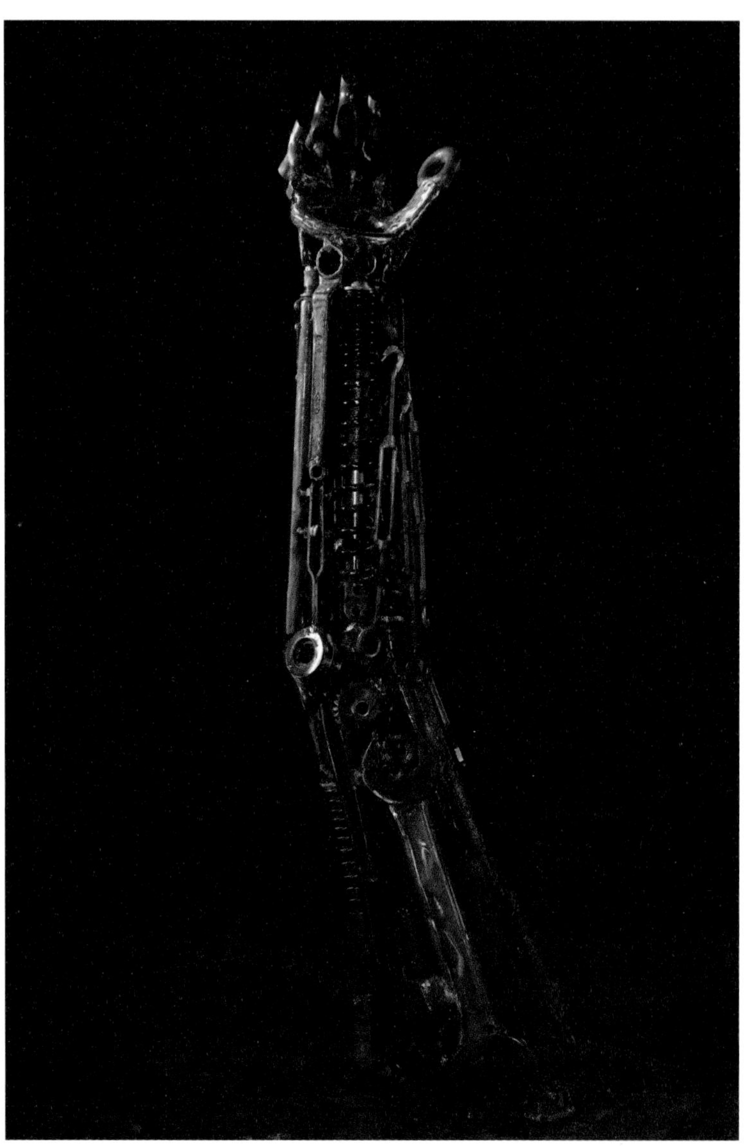

本页“重生 Reborn”展览，主角是总重数吨的废弃物。这些废弃之物被重塑成了肢体，并赋予灵魂，成为新的生命。SeeekLab 希望以其作为生命的隐喻，尝试去映射和触摸观者的内心，开启救赎和重生的探讨。

⬅⬇ 在 2016 年的母亲节，SeeekLab 送了母亲们一份特别的礼物 —— 一张用打票机缓缓打印出的 21 米长的“购物小票”，上面记录着想和妈妈说的话。

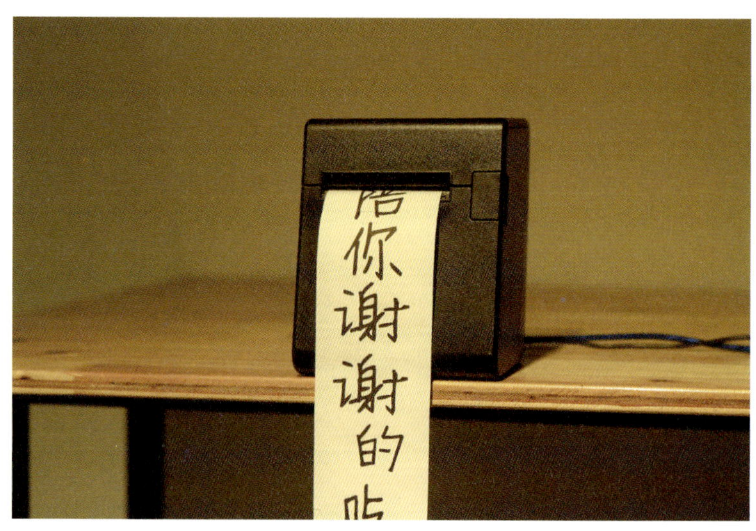

在 SeeekLab 刚成立的时候，大家对新媒体装置的概念是模糊的。值得庆幸的是，我们处在一个移动互联的时代。大家可以迅速地接触和理解新鲜事物。在这样的背景下，新媒体装置、互动装置的概念已经很快被大众认识并开始被慢慢地应用到日常生活中。大到奥运会开幕仪式，小到店内的展示橱窗，新媒体装置的应用已经越来越多元化。除此之外，创造者可用于创造作品的媒介也越来越丰富，比如说交互程序、声音、动画、灯光、开源软件等，这些创作工具都给予未来更多的创作空间和跨界的可能性。

而从传播角度来说，互联网给新媒体装置带来非常多的展示机会，好的作品得以在网上迅速传播，被更多人熟知。从近年来在网络上持续火爆的新媒体展览不难看出，大众越来越注重精神消费，对内容的娱乐性结合互动性的需求已经越来越大。新媒体装置广泛运用到展览中，除了为大众提供出行的理由外，也迎合了当下媒体的传播需求。

STUDIO DRIFT: technology, light and LIFE

文 / 狗速 Text / Goudai 图 / Studio Drift Photo / Studio Drift

STUDIO DRIFT: 科技、灯光与生命

⬆ 飞翔灯光（Flylight），2014 年威尼斯仓库展。© Carpenters Workshop Gallery

Studio Drift 是由荷兰艺术家 Ralph Nauta 和 Lonneke Gordijn 于 2007 年共同创办的。两人都毕业于埃因霍温设计学院。他们的作品曾斩获多项国际奖项，在英国 V&A 博物馆、荷兰国家博物馆、威尼斯双年展等重要机构及群展中展出。

他们将对自然和科技的热情融合进了灯光装置和互动雕塑之中，创造出了一个个富有生命力的灯光艺术作品。为了将概念转化为最终的结果，他们经常与研究人员、程序员、工程师和其他专家密切合作，一起拓宽技术的边界，得到了自然与技术的和谐统一。可以说，他们的作品是对地球表面上无限资源的诗意暗示，也表达了未来可能拥有的无限可能性。

2018 年 4 月 25 日至 8 月 26 日，在阿姆斯特丹市立博物馆（Stedelijk Museum Amsterdam）中 StudioDrift 将举行首次个展。这次名为“编码造物”（Coded Nature）的展览将展出他们的全新作品，包括“精巧未来”（Fragile Future）系列有史以来最大的装置。该装置的核心将是其在 2015 年收购的“精巧未来吊顶 3.5”（Fragile Future Chandelier 3.5）。此外，另一个亮点是“漂流者”（Drifter），一个长约 4 米、宽约 2 米的浮动混凝土独石，还有独家电影 *Film Drifters*（2016）和 *Elementism*（2018）。整个展览将有 8 个房间全部展出 Studio Drift 的作品和他们的精选电影。

Q 你已经从事灯光艺术创作很长一段时间了，你是怎么涉足这个领域的？所谓的灯光科技艺术又是什么呢？

A **灯光等于能量的转化。我们很喜欢和灯光一起工作并且把它当作一种自然光。它可以让我们的身体保持温暖，促进植物生长，帮助人们更好地看清事物。同时，让我们的体验和生活有了巨大的不同。灯光给我们的工作带来了很多独特的地方，我们也赋予它生命。**

Q 你认为高科技社会的未来会是怎样的？在这个科幻世界里，人类怎样才能与真实的大自然和谐相处呢？

➡ 20 步（In 20 Steps），2015 年威尼斯双年展。© Duco Volker，Pace Gallery

⬅ 漂流者（Drifter），2017 年军械库艺术展。© Pace Gallery

A 当我们谈到新技术时，也经常谈论新的科学发现。但这些都是基于已经发生在自然界中的过程，即使你研究“简单”的自然过程，比如一朵花的开花授粉，你都可以得到非常多有趣的和鼓舞人心的发现。例如，花需要在不同的环境和气候中生长。这本来是如此简单正常的事，但当我们深入研究这个问题时，我们会发现，即便是最新技术也无法复制这个授粉的过程。对我们来说，大自然才是真正的高科技进化。但我们几乎选择忽视它，而且我们还正在破坏它。

Ralph Nauta 认为：由于我们正在迅速摧毁创造我们的大自然，我们很快就会开始重视它。希望我们的技术可以推动我们前进去研究我们的自然环境和拯救我们自己。或者说，希望自然能够重新联结起和我们的关系。

我们都应该多读一些科幻小说，这样我们就可以问正确的问题，将来也更能成为社会的焦点。Studio Drift 的创始人 Ralph Nauta 和 Lonneke Gordijn 最喜欢的书是托马斯·莫尔的 *Utopia*（《乌托邦》1516）。

“描述的不可能的想法”是托马斯·莫尔的书中最吸引我们的地方。“使不可能成为可能”是我们作为艺术家奋斗的目标。关于托马斯·莫尔的思想，他在他的 *Utopia* 书中说过：混凝土的房屋建筑是理想的乌托邦，因为它只需要一堵墙和一个大的落地窗户，并且可以抵御所有的天气条件。而现在混凝土已成为司空见惯的东西。敢于梦想是取得进步的唯一途径。

Q 你如何描述自然生活与现代人类社会的关系？你的日常生活是什么样子的？如何能让普通人的生活变得更有艺术性？

A 人类应该是自然系统的一部分，我们往往会忘记这一点。我们的直觉会告诉我们该做什么和如何做出正确的决定。但我们几乎从不顺从，因为我们总是为了我们自己的利益而懒惰，耍小聪明，寻找不遵守事物自然规律的方法。

我们也只是一味地索取、索取再索取。我们应该以更聪明的方式使用能源和技术，这样可以帮助我们从大自然中获取更少的东西，甚至回馈大自然。我们应该设法唤起我们社区的觉醒和联系。总被混凝土和计算机包围，所以我们人类总感到不自在。我们需要走到户外去看到我们的自然环境。当这种自然的联系变得更强时，人们就会更加艺术化。这也是为什么我们专注于创造令人难以置信的复杂的雕塑，它的运作方式并不是立即可以理解的。这创造了一种做梦的感觉，而不是被理解的感觉，这促使一个人深入到这个主题中去。我们还专注于创造真实的物体，而不是只使用 VR 或 AR，因为你的身体想体验的是真实的世界而不是数据。

Q 你不断创造新的艺术形式的动力和源泉是什么？如何才能用艺术去改变人们的行为或意识？

A 我们经常通过问一个问题启动一个项目：如果我们可以，我们应如何去做？

要确立一个远大的目标。这个想法必须是新的，具有挑战性的，要更胜一筹。不能一直停留在起点上，要把它看作一个谜题需要我们解开。为一开始似乎不可能解决的问题寻找解决方案是疯狂的，这个过程有时需要数年，有时是几十年。在这种情况下，很多项目被搁置，等待找到解决方案。为了把我们的想法变为现实，在技术解决方案上需要几年的发展和找到合适的合作伙伴。例如我们和英特尔在无人机上的合作。我们就好像有一个大橱柜，里面有各种想法和研究，等待时机的到来。

⬆ 精巧未来吊灯 3.5（Fragile Future Chandelier 3.5），2012 年阿姆斯特丹市立博物馆个展，由 HET 蒙特里安基金赞助。© Carpenters Workshop Gallery

通过展示这些过程，我们鼓励人们重新评估要达到某个目标需要做多少工作。同样，我们看到你们的文化与我们有很强的联系，在社会中，专注、努力和完美都会受到阻碍，无法发挥最大的潜力。我们感觉到的欧洲文化正在随着我们不断地美国化而失去自己本来的东西。如果我们想保持个性，我们都应该意识到这一点。我们从未改变过我们的个性，并将继续强调这一点。

⬆ 精巧未来的细节（Fragile Future detail modules）。

© Carpenters Workshop Gallery

Q 在创作的过程中，你们总是意见一致吗，还是会有不同的想法？你们是如何相互交流协调的呢？

A 大多数时候，我们的工作都是经过长时间紧张地讨论之后才开始的。只有我们达成一致，我们才会为 StudioDrift 创建一个作品。我们都不愿意妥协，所以我们必须找到能同时表现大家的办法。这个过程是困难的，但在我们的实践中找到了最佳的结果。我们俩都在激烈地辩论我们认为在这项工作中最重要的方面是什么。它运作良好，因为我们相信"性别共享"的领导作用，男性和女性应该发挥他们最擅长的一面。这将是保护每个人的价值观的一种健康的方式。但这并不意味着我们将永远非独立地去创造一个作品。

Ralph Nauta 总是在思考建立一个健康的、可持续社会的新方法。每天有 10 个想法，有时他快节奏的头脑会让我发疯。他总是想工作背后的大局和战略。Ralph Nauta 擅长建立新的关系，因为他对探索技术发展和我们的创造力结合的事情永远保持好奇心。他总是对最新的技术和能用它们做什么感兴趣。他对项目的每个步骤要求精确。

Lonneke Gordijn 有一种非凡的能力，她能把自己封闭起来，深入挖掘项目的概念。在项目开始之前她用大量的时间手工制作模型和草图。她会探索所有可能的角度，非常擅长组织和指导我们的工作室，确定每件事正常运行。她喜欢做非常精确复杂的手工，因为这有助于她的思考。

Q 你的艺术作品中使用的多种动植物，它们有什么特殊的意义？是代表着某种神秘的力量吗？

A 例如，在"精巧未来"中，我们使用的是真正的蒲公英种子。每年都要去田里收割蒲公英的种子头，我们把它们摘下来，晒干，然后用镊子把每个种子粘在小的 LED（发光二极管）灯泡上，所有这些都靠精细的手工操作和高度的专注才能完成。蒲公英的柔软柔化了灯芯的硬光，使它柔美而富有诗意。在自然界中，在被吹走之前，蒲公英的种子只持续很短的时间。在我们的工作中，这种脆弱性的期望与现实相映成趣：我们的电子花朵的种子不能被吹散；我们用动植物在生命出现之前所具有的张力能量来工作。我们喜欢的就是对这个过程的期望。

这也是我们所喜欢的研究方向——个体和群体之间的紧张关系。我们可以为了实现自己的梦想而牺牲大家的自由吗？我们是适应社会还是应该忽视它？生命本身是一个巨大的谜团，激发我们的好奇心，我们都与它有联系。

Q 在你所创作的所有灯光艺术中，哪一件是你最喜欢的？为什么呢？

A 在过去的几年里，我们对建筑装置越来越感兴趣，比如一些飞行的、浮动的或非物质的运动装置，在 2017

精巧未来，2014 年 Cidade Matarazzo 展览馆。

⬆➡ 幽灵（Ghost Collection）。

年我们第一次成功了。“Studio Drift 在飞！”我们大叫道。我们将继续伴随灯光一起工作。同时我们正在开发新的技术，探索新的方法，使我们的想法成为现实，但目前也仍然有大量的工作要去做。

我们工作是讲述我们的故事并让观众对我们所创造的东西产生情感反应。我们没有自己最喜欢的作品，但 2017 年 12 月在迈阿密海滩的巴塞尔艺术展（Art Basel），我们展示了一个飞行雕塑，300 架英特尔无人机在海滩上“静坐”了 10 分钟左右，我们都怀疑它是否真的发生了，那是一个非常宝贵的时刻。2018 年还被 Whitewall 杂志评为“最佳艺术作品”。这对我们来说是莫大的荣誉。

Q 2017 年黑石沙漠火人节（Burning Man festival in Black Rock Desert）上的“泰内雷之树”【TREE OF TENERE（The Tree Of Solitude）】引起了人们的广泛关注。这件作品的艺术灵感来自于哪里？你对这个特殊的技术满意吗？观众的评价是怎么样的？

A “泰内雷之树”由 Zachary Smith、Alexander Green、Mark C. Slee 与 Studio Drift 共同完成。为了庆祝这次的节日活动，Studio Drift 接受官方的邀请，在树上装置了由大约 175000 个 LED 组成的可控灯光部件。同时为了庆祝我们的十周年纪念日，Studio Drift 改编了 2007 年的“飞行光”算法，这是一种模仿鸟群并对其环境做出反应的算法，并创造了一种由游客的动作和大脑活动控制的互动式灯光游戏。被观众控制是一种超现实的体验，观众被他们自己和周围的人以及作品本身的互动所吸引。它是不同文化背景的人们相互见面的象征。而这棵树的灵感来自于一棵真实存在的树——泰内雷。

泰内雷是一棵孤独的相思树，
曾经被认为是地球上最孤独的树，
是方圆 400 多千米内唯一的树。
它是穿过尼日尔东北部撒哈拉沙漠
泰内雷地区的商队路线上的一个里程碑，
是不同文化汇聚的象征。

Q 你们要多久才能创作出满意的艺术作品？创作本身对你们来说难吗？

A 我们的作品是对立面之间不断对话的结果：精密的手工艺和创新技术；知识和直觉；科幻和自然；Ralph Nauta 和 Lonneke Gordijn。通过我们的工作，我们创造了一个空间和一个时代。在那里，自然和技术之间的这种永恒的冲突不复存在。有时，我们必须等到技术得到发展之后才能开始下一步的创作。正如我们所说的——

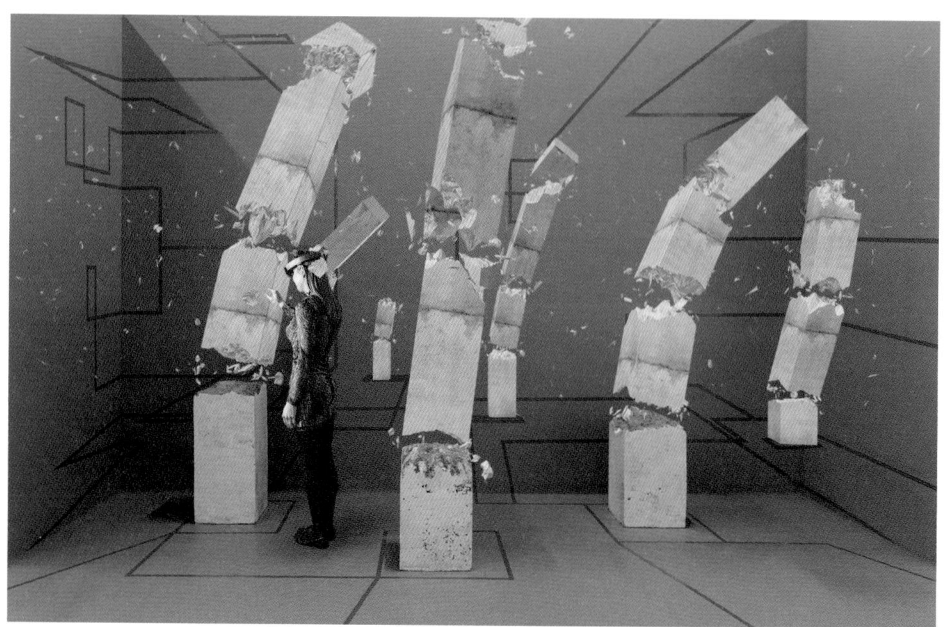

←混凝土风暴（Concrete Storm），2017年军械库艺术展。© Silvia Ros，Windows HoloLens with Artsy

我们有一个大橱柜，里面的想法正在成熟，等待时机的到来。创作一部作品需要花上几年的时间，但想出一个新点子是无法控制地自然流露的。因此，给你的大脑提供正确的敏感信息是至关重要的。

Q 你总是能想出新的点子吗？下一个会是什么？你能给我们讲讲吗？

A 我们并不热衷于谈论我们未来的工作，因为它仍在发展之中。我们需要时间来确保在我们想谈论它之前，它具有充分的价值和可操作性。

现在，我们正在把一个约18000平方米的旧监狱发展成为一个艺术中心。自然、技术、艺术和设计都在这里交汇。我们这样做是为了给荷兰在这些领域的发展上提供更多的便利。如果你感兴趣，可以在社交媒体上关注我们。我们将从2018年4月25日至8月26日在阿姆斯特丹市立博物馆（Stedelijk Museum Amsterdam）举行首次个展“编码造物”（Coded Nature）。

Q 现在，许多人用高科技的艺术来表达他们的生活。你对那些想加入这个行业的年轻人想说些什么？

A Dream big（大胆想象）！
不要轻易受别人的影响，
不要抄袭别人的创意。
关注你的童年兴趣。
那些才是你最纯洁的东西。
最纯粹的灵感来自你的内心，
成功近在咫尺。

EM: 03

Establish new connections: DIGITAL TECH-NOLOGY and ART

文 / Suzu Text / Suzu 图 / teamLab Photo / teamLab

建立新的联系：数字技术和艺术

⬆ 天神之森（A Forest Where Gods Live）by 资生堂。

艺术团队 teamLab 曾获得 DFA 亚洲最具影响力设计奖科技奖、英国保诚当代艺术奖（Prudential Eye Awards），并连续两年被意大利知名网站 Designboom 评为全球十大必看展览。他们的作品在中国、日本、法国、巴西、意大利、韩国、新加坡、美国、印度尼西亚等多个国家展出，在世界各地都受到了热烈的追捧。“我们只是单纯地热爱并相信科技和创造的力量。”teamLab 的创始人猪子寿之这样说道。

Profile

艺术团队 teamLab 创立于 2001 年。这个跨学界的团队汇集了各个领域的专业人士，他们旨在通过共同创作的行为去融合艺术、科学、技术、设计，以及自然界。团队成员包括艺术家、程序员、工程师、CG 动画师、数学家、建筑师等。

➡ MORI Building DIGITAL ART MUSEUM 数字美术馆：teamLab Borderless。由 MORI Building 株式会社和 teamLab 共同经营的大规模数字美术馆 MORI Building DIGITAL ART MUSEUM: teamLab Borderless 将于 2018 夏天在御台场 Palette Town 开幕。

⬇ 天神之森（A Forest Where Gods Live）by 资生堂。

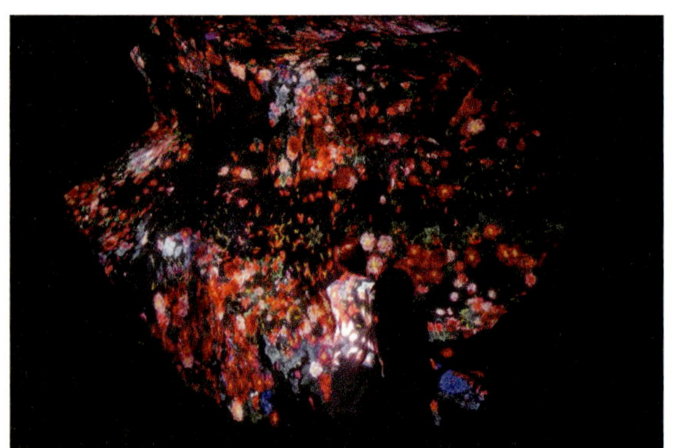

过去，“全息投影”一类的词汇远不如现在普及，但是teamLab从那时起就已经开始创作数码艺术了。最初的成员大部分是程序员。“我们只是想不停地创造全新的东西，不管最终它会属于哪个领域。”随着他们渐渐创造出作品，一些建筑师、CG（即Computer Animation，计算机动画）动画师等其他领域的成员也开始加入团队。

teamLab试图通过艺术探索人与自然的新关系。去年夏天，他们在日本佐贺县御船山乐园内打造了一座“天神之森”，旨在让自然成为艺术。以日本传统艺术和现代动画形式为基础，他们在创作中经常会借用自然元素作为意象，“天神之森”也不例外，运用了花、流水、飞鸟映射在真实的大自然布景中。通过这些运用数字技术创造出来的交互装置，探索新型社会中人类与世间万物的全新关系。

艺术作品当然要有参与性和互动性。然而teamLab所创造的交互体验与以往的概念略有不同。通过智能手机或是一些简单的操作，你可以直接参与甚至去操控他们所创造的世界。复杂的传感器数列和数字投影仪伴随着幽灵般的算法嗡嗡作响，为你编织出一个奇幻的世界：花朵在你的身体上生长，溪流潺潺从你的脚背上流过，蝴蝶聚集在一起，只有在被你触摸时才会死去。teamLab利用他们的创意打破了科技与艺术的边界，而同时他们的作品也体现了另一个重要观念，即“人与人之间的关系”。teamLab非常重视在参观展览过程中的每一位观者之间的互动关系。在传统艺术展览中，或许会觉得周围有其他人的存在是一种干扰，而他们的作品致力于将这种干扰转变为积极的存在。

teamLab将自己定义为“超级技术专家”（Ultra technologies），并且致力于实现艺术、科学、技术与创新之间的平衡。正是因为团队的成员都是不同领域的专家，才能够创造出超越传统意义的、更加多元化的作品。他们将艺术、自然、科技与人之间的边界模糊化，通过结合这些元素开拓出崭新的艺术视野，并让所有来客在同一个空间中共同创作。

⬆ 水画面（Drawing on the Water Surface Created by the Dance of Koi and Boats - Mifuneyama Rakuen Pond）。

Q 在 teamLab 的网站上，你们提到了"我们相信数码的概念扩大了美"。你们怎么看待科技在艺术中的角色？你们认为艺术是表达科技的手段，还是科技是创作艺术的方法？

A 可以说科技是我们作品的核心。但它并不是最重要的部分，它仍然只是作品创作的工具。从 2001 年开始，我们一直在创造数字艺术，致力于改变人们的价值观并为社会进步做出贡献。即使我们最初对于在哪里展出我们的作品以及怎么运营团队毫无头绪，但我们仍然坚信数码技术和我们的创造力，并对此抱有浓厚的兴趣。我们希望继续创造新的作品，并且我们做到了。数码科技能够使艺术表达从物质世界中释放并且能够自由变化形式。我们依靠观众和作品在一起的环境来决定如何表现这样的变化。

艺术作品本身也因为观众的存在和行为而发生了变化。这模糊了观众与作品之间的边界，从而使观众成为艺术品的一部分。艺术品和独立个体之间的关系变成了艺术品和（观众）群体的关系。无论是五分钟之前在这里出现过的观众，还是你身旁的人做出的某个特定行为，都会成为一个非常重要的元素。和传统的艺术观赏相比，人们会更加关注周围的人。也就是说，现在的艺术能够去影响站在作品前的人们之间的关系。

我们能够间接影响在这个空间中的人们之间的关系。现在，如果这个空间因为其他人的存在而被数字艺术扩大，那么其他人的存在就成为艺术的一部分。如果这样的变化是美妙的，那么其他人的存在也是。通过数码艺术和科技的结合，我们认为能够使其他人的存在变得更加积极。

Q 你们希望大家了解的数字艺术是什么样的？换句话说，你们希望观者从你们的作品中感受到什么？

A 数字艺术能够改变出现在这个空间中人们之间的关系。

不得不说，交互式艺术装置只是我们表达艺术的一种工具。我们希望扩展人们对艺术的看法。我们认为数字时代已经使艺术进步了。我们将作品定义为交互式数字艺术，因为它们改变了人与人之间的关系以及人们体验艺术的方式。在互动艺术作品中，观者和环境在定义和改变作品中起着重要的作用，艺术品和观者之间的界限变得模糊不清，最终他也会成为艺术作品的一部分。

我们希望能改变人与作品之间的关系，也希望大家通过我们的作品感受到他人是一种积极的存在。传统艺术，比如绘画，不会改变观者的存在和行为之间的关系。传统艺术的基础是作品与单独个体的互动。至今为止的大部分艺术展览中，他人的出现都会成为一种干扰。当你发现你是一个人在参观展览时，你也许会觉得自己很幸运。我们希望观众能因为作品感受到他人的存在是美好的。

这不仅仅适用于艺术，即使在现代城市，他人的存在有时也被认为是不舒服的。我们无法理解或是控制他人，所以往往只能去容忍。因为城市不会因为你或他人的存在而改变。如果城市变得与数字艺术更加相似，他人的出现也许就变成积极的。通过这种方式，我们所寻找的人与人之间的新型关系也许能够超越艺术，潜移默化地创

我们相信数码的概念能够扩张美。teamLab 相信数字领域可以扩展艺术，而数码艺术可以创造人与人之间的新型关系。我们的展览“花与人，不为所控却能共生——度时如年”（Flowers and People, Can not be Controlled but Live Together）以及水晶宇宙就是很好的例子。

本页 运动产生旋涡和旋涡创造运动（Moving Creates Vortices and Vortices Create Movement）。© teamLab, courtesy Ikkan Art Gallery, Martin Browne Contemporary and Pace Gallery

造出城市与个体之间的新关系，甚至会成为人们带来和平的新方式。

Q 请问你们的创作灵感来自哪里？可以举例说明吗？创作过程中遇到的最大困难是什么呢？

A 我们的作品是由一个团队的专家通过持续的创造与思考而做成的。大致的概念会在一开始就确定，但是这时项目的目标还未明确。所以整个团队要做的就是边创作边思考。创作目标也会在过程中越来越清晰。

teamLab 的组织结构看起来像是平行的，但是实际上非常多维。创作的过程始终是困难的，尤其是还没有确定明确目标的时候。

Q 在艺术作品中，你们通常会怎么表现日本传统文化？

A **数字科技为我们创造了很多新想法的可能性。它也让我们能够通过科学方法去探讨日本古代空间理论的逻辑结构。通过使用我们称之为超主观空间的逻辑构造，我们能够对新型视觉体验进行试验。我们试图挑战传统的人们对世界的看法。**

人类在地球上已经发展了很多年。而我们认为在现代社会中，人们也许忘记了他们曾经是如何看待世界的。通过回溯过去以及以前的看法，我们找到了通往未来的钥匙。不过我们相信不仅是日本，这也通用于其他所有文化。

Q 在你们的作品“数字化自然”（Digitized Nature）中，自然是主题。你们如何看待自然和艺术的关系？

⬇ 跨越极限（Au-delà des limites）。

⬆➡水面画（Drawing on the Water Surface Created by the Dance of Koi and People - Infinity）。

A 数字技术使他们能够从物质与艺术的界限中解放艺术。我们感受不到自身与自然界之间的界限，我们是相融相通的整体。时间存在于一个漫长、脆弱而又不可思议的生命延续之中。

举例来说，在我们的作品“运动产生旋涡和旋涡创造运动”（Moving Creates Vortices and Vortices Create Movement）中，似乎对人类生活没有影响的岛屿和地形会产生丰富的旋涡。对于人类来说也是相通的。看起来毫无关联的行为也许为一个绝美的场景做出贡献。在这个作品里，看似互不相关的行为也许成为创造美丽旋涡和经历的一部分。作为选定答案的结果，人对世界的认知和理解也被扩大，上升至改变了社会的价值并对世界做出了贡献。

比起“世界是什么”，teamLab更感兴趣的是“世界对于人类意味着什么”。艺术给我们带来了很多捷径。艺术和科学的区别在于艺术家的脑海里没有绝对正确的答案。而艺术家做出选择的原因是他们在回答中感受到了美，无论是被感动还是被震惊。

Q 你们称自己为“Ultra Technologies”，可以谈谈这个词的具体意义吗？

A 这个词是指高度专业创造的人员。根据项目情况，我们团队创作的成员从几个到20个不等。我们正在致力于跨越专业领域之间的边界。团队中的人会在一起思考创作，项目中没有单独的艺术家。往往都是不同领域的专业人士聚集在一起。teamLab作为整体才能被称作艺术家。另外，我们也更加倾向于科学手段。举例来说，就像之前提到的，我们探索古代日本或者东亚空间认知的逻辑结构，并且根据逻辑结构对三维世界进行二维的定位。同时，我们也在探寻空间理论的逻辑点是什么并且展示我们探寻的过程。

⬆跨越极限（Transcending Boundaries）。

⬆跨越极限（Transcending Boundaries）。

Q 你们如何看待 teamLab 的作品在 21 世纪现代艺术中起到的作用？

A 自 2001 年以来，我们一直在创造数码艺术，致力于改变人们的价值观以及为社会进步做出贡献。我们认为社会中最重要的元素是创意，而艺术激发了创作本身。创作某件事物的过程使创意变成了物理意义上有形的形式。在我们的艺术作品中起到关键作用的科技也把创意想法转换成了真实存在的事物。同时，科技也为创意催生出一种新的形式。

Q 展望未来，teamLab 会怎样发展创新？

A 我们认为艺术因为科技而进步。所以，我们能够创造和人交互的艺术作品，并且在与人的互动中改变作品本身。就像之前提到的，对于我们来说，在数字化时代，艺术已经不是限于个人体验，我们需要通过人的互动来使我们的作品变得更加复杂且美丽。未来，我们希望把这样的体验扩大到城市规模，让城市中的所有人都参与到艺术作品的体验中，并让他们更积极地感受到其他人的存在。

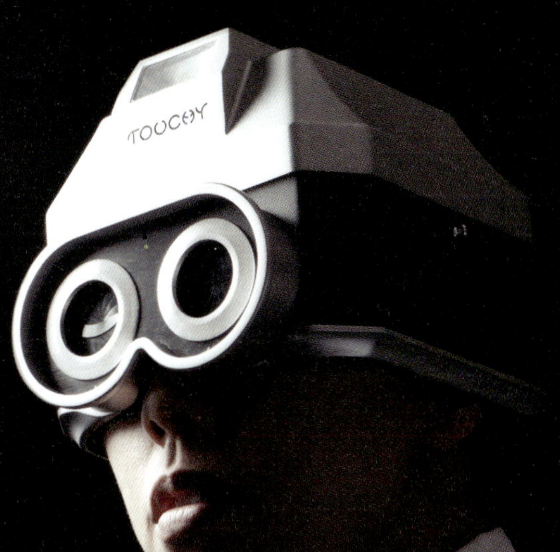

TCHNOLOGY for Embracing Your HEARTS

文/静电场朔 Text / Seidenba Saki 图/萧子文 Photo / Eric Siu

用科技触碰心弦

萧子文的作品曾在世界各地展出，他的作品 Touchy 更在第十五届 WRO 国际媒体艺术双年展中夺得大奖，被探索频道、华盛顿邮报、赫芬顿邮报、Neural 等媒体广为推介。目前，Touchy 作为一个独立的角色，与东京的角色设计工作室大宇宙酿进行新的合作，并赋予其独立和成熟的人格。

⬆ 在街头表演的 Touchy。

Profile

Eric Siu，本名萧子文，中国香港新媒体艺术家，对于设备艺术、互动艺术、动力学、装置、影像及动画有广泛的兴趣。目前在东京 Great Works 担任创意总监。曾任东京大学的石川奥研究室驻场艺术家。在此之前，他在亚洲文化协会的赞助下，前往美国进行了长达十二个月的文化交流及研究计划。

⬆ Touchy 平常登场时的样子。

随着科学技术的日新月异，21 世纪人们的生活更加便利和快捷。但同时，高度依赖网络社会，人与人个体之间也产生了微妙的变化。诚然，互联网和社交网络的日益发达，可以使我们轻而易举地与远在异地的陌生人以及社群沟通，但这也减少了人们面对面交流的机会。这导致越来越多的人对现实的线下生活感到十分陌生，甚至惧怕。

初见 Touchy，它就像是一个人与照相机的合体生物，由一个戴在脑袋上的形似头盔的相机、一对自动开合的快门、一个镜头和一个触控式屏幕所组成。Touchy 在不受他人皮肤触碰的情况下快门是关闭的，无法看到外界，处于暂时性“失明”的状态。只有使用者在与他人皮肤碰触的情况下，快门才会开启。触碰每维持 10 秒钟，Touchy 就会自动为同它碰触的人拍下一张照片，并显示在背面的屏幕上。Touchy 将人与人之间的接触和无形的眼神交流转化为一张张具体的照片。

企划并制作了 Touchy 的是一名来自中国香港的新媒体艺术家萧子文。很多媒体都会将 Touchy 作为一个设备进行介绍，将 Touchy 的头戴式感应相机作为一个新发明。但和其他新媒体作品不同的是，萧子文本人认为和 Touchy 的感应相机合体的那一瞬间，才是科学艺术的完成形态。从 2012 年 9 月开始，变身为 Touchy 的萧子文开始在世界各地活动，用 Touchy 的触碰感应装置，将人们的笑容和温暖转化成了成千上万张照片。

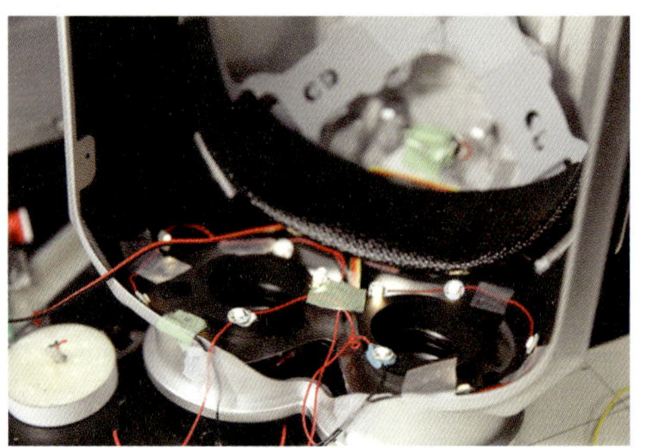

本页 Touchy 的制作过程中，很多电路和零件都需要组装。

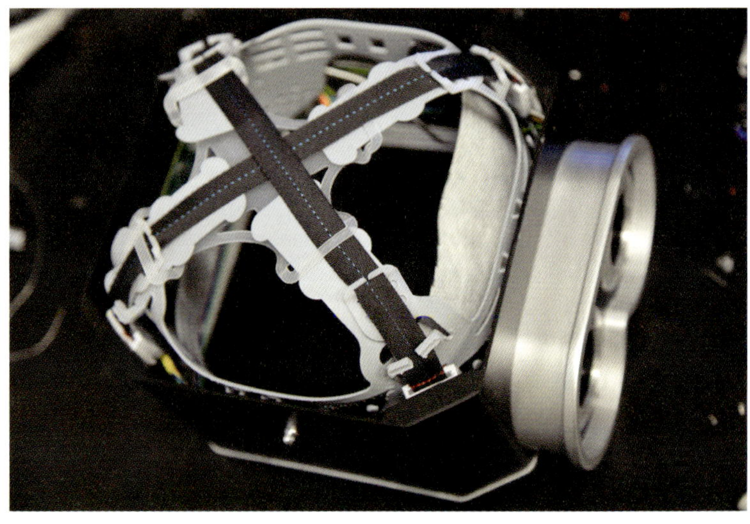

⬆ Touchy 发布会。

Q 起初创造 Touchy 这一“相机生命体”的契机是什么？

A 我一直对艺术与科技的结合很感兴趣。现实中，脸书、微信之类的社交软件虚拟化社群的沟通模式，导致人类越来越缺乏实体的沟通。我希望通过这件作品，把沟通重新带回现实中。当时想到一个互动模式：如果一个人在通常情况下看不到东西，但只有在被触摸时才可以看到事物，我觉得这是一个非常诗意的互动模式，却找不到陌生人会跟我触碰互动的动机。所以我希望营造一个互惠的关系，互动者帮助了我，我得回馈一些事情，所以就加上了拍照模式以照片回报。这样，这件作品就启动了探索现代社会新型社交沟通的可能性。也因为当时刚迁往日本，语言不通，在交流上遇到诸多障碍，加上日本人比较羞于表达，一时间我感到特别孤独。这种感受让我觉得如果艺术能有治疗人心的作用该多好，这也增加了我成就这件作品的热情。

Q 从最初的创想到制作 Touchy 的头戴相机设备，你是如何将想法化作行动一步步实现的呢？

A 当年恰巧在东京大学当驻场艺术家，我把这个概念与伙伴们分享，得到了他们的支持，尤其是技术上。然而，在实现的时候有很多困难。最困难的地方是研究侦测皮肤触碰的这一块。加上这作品所涉及的很多领域是我没有经验的，所以要由零开始学习。整个产品的设计过程

⬆ 孩子们从 Touchy 后面的屏幕看到自己被拍下的画面。

经历了两年左右的时间。最后通过查询各种资料，开始自己动手设计电路，并且得到了很多朋友的支持。接着逐步由外观设计到图纸、试作、数字化制造直到完成具有功能的版本。

Q Touchy 第一次亮相的时候，你经历了什么？

A 首次表演是 2012 年在东京的秋叶原。至于为什么选择这个地方，因为在东京的这个地方，有很多所谓的宅男（可以理解为 Otaku，这一族群大多羞涩不敢表达）——其实这件作品最开始的想法是消除他们的沟通障碍。

但第一次的表演有点儿不顺利。我站在秋叶原大街上比较热闹的位置，等待人流。Touchy 的头戴设备是把眼睛遮住的，没有人碰触的时候我什么也看不到。当时为了解决沟通问题，我预先录好了日语版的声音互动指示，从我手拿的球播放出来。后来我等了很久都没有人来碰触我，这个处在黑暗的过程让我很焦虑。不知过了多久，终于有一个人触碰我了，我第一次很强烈地感受到重见光明的兴奋和接触有多重要。

Q 有没有想过把 Touchy 的照相功能独立出来，进行量产化？

A 戴上头盔，变成 Touchy 是体验 Touchy 的最强效果。我一直希望通过产品化让 Touchy 广泛传播。然而在市场上，Touchy 的概念性比较强，所以我一直在寻找好的定位。现阶段比较看重教育范畴的可能性。再者，Touchy 主要是独立营运，我希望组建团队寻求支持，让这个计划得以实行。

⬆ Touchy 用镜头记录下人们的笑脸。

Q 今后对于 Touchy 的这个角色企划，还会融入什么新的创想？在未来有什么新的企划？

A 因为真人 Touchy 的外形奇特，十分适合角色创作，这让 Touchy 的概念在实体互动以外可以传播和延续。所以，主要希望角色能够达到说故事的功能。与大宇宙酿工作室的合作，“触电”企划的诞生就是为了强化这个方向。

Touchy 与“电”的角色在概念上都有很微妙的关系，这样的组合能够给予故事更多的可能性。在之前的几个项目中，“触电”企划都得到了正面评价。初步构想“触电”会以小朋友的教育及娱乐作为目标，同时我们也正在策划“触电”的新内容。

Q 你希望 Touchy 能够给 21 世纪的人们以怎样的启发呢？

A 科技的发展固然有一定的重要性和功能性，贡献人类未来的生活、文化、知识等。然而这个追逐的过程，还是不要忘记我们的初心。

Q 除了 Touchy 这一项目，你在未来还会有什么有趣的发明或是企划吗？

A 下一个作品我要探索在数字化社会中，个人身份在社交媒体中伴随物质与意识间关系的变化。作品也可算是 Touchy 的延伸。

⬇ “触电”艺术企划。

Inherit
and
Change
传承与改变

BUDDHIST Rhythm into MUN-DANE WORLD

文 / 张多多 Text / Zhang Duoduo
图 / 上海天人慧致文化传播有限公司
Photo / TIANREN Productions

佛音入尘世

⬆《尺八 · 一生一世》ALIAKE 上海演奏会彩排现场。

尺八[1]，因管长一尺八寸而得名，
音色苍凉辽阔，是中国唐代
传统乐器，后传入日本，
作为僧侣乐器。
现在，小凑昭尚便是尺八的
继承者与推广者之一。
1978 年出生的小凑，
成长于音乐世家，从十岁开始，
在父亲的安排下开始了他的
尺八之旅。虽然学习尺八并不是
他最初的意愿，但无论是
师从日本尺八大师山口五郎，
还是进入东艺大专攻尺八，
不得不说，尺八为他
接下来的生活开创了
许多别样的契机。而这当中
让人备感难得感难得的是，
小凑仍怀有最初的热情
以及为演绎尺八的多样性
而不断摸索和创造的初心。

Profile

小凑昭尚，日本尺八青年演奏家，民谣小凑流掌门长子。1978 年出生于福岛县，十岁遵从父亲意愿学习尺八。1995 年拜琴古流尺八的人间国宝山口五郎为师，2001 年毕业于东京艺术大学尺八专业。他善于将传统乐器尺八与西洋乐器、流行音乐相结合进行演绎，在保留传统的同时，又为传统注入新的生命力。

❶ 尺八，一种日本传统竹制乐器。

⬅ 纪录片《尺八・一声一世》日本拍摄现场。

尺八虽在日本得以流传，但属于小众的范畴。很多人认为是由于音色的“局限性”使得受众范围过小。可在小凑昭尚看来，尺八的独特音色可以适应几乎所有类型的音乐，相容性很强，并不狭隘。这并不是他夸张的结论，而是在演奏过程中自然而然得出的想法。于是，他开始接连突破传统的格局，以革新的方式为尺八赋予新的含义。

毕业后为生计所迫，小凑不得不将尺八带上街头，街头与尺八的融合其实便是他最初“无意”的革新。尺八在江户时期作为僧侣乐器与大众是有距离的。但在当下，小凑的无意之举，实质上把尺八推向了新的舞台。通过来来往往的人流，将其古老的音色传播开，这与其说是对传统音乐的打破，倒不如说是对传统音乐的保护。毕竟

⬅ 小凑昭尚演奏会前排练。

让更多的人认识尺八，就意味着这项传统乐器的生命能够延续得更久一点。

随后小凑昭尚仍不断基于日本传统乐器加以创造，将尺八与流行音乐结合，与西洋乐器融合，还和志同道合的好友们组成了 ALIAKE 乐队，以新民谣为出发点，涵盖尺八、小提琴、太鼓、吉他等东西方乐器，贯穿民谣、爵士、古风等不同音乐类型，创造出新的音乐表达形式。可见，他的这些创举，在某种程度上便是对尺八音色“局限性”言论的最好抗衡。尤其在听过他的演奏之后，你就会惊异于不同乐器与演奏的音乐间的包容度，看似匪夷所思的搭配往往能带来意料之外的和谐，不分东方或西方，亦不分传统或现代。尺八的可能性在他的身上延展开来，正如他自己所说，他不只想让更多年轻人发现传统音乐的魅力，也想让所有人都能够意识到传统音乐正在离我们远去。

尺八，作为起源于中国
却在日本流传的乐器，
历经命运流转，今日仍处在夹缝里
求生存的状态。小凑的老师
山口五郎先生曾对他说：
“就算再怎么困难，
也要一直吹奏着尺八，
直到现在。”

传统音乐传承的困境毋庸置疑，
但音乐人的坚守永远是困境里
不可忽视的光亮。
小凑昭和在跨入尺八的大门时，
应该怎么都没有想到，
如今的自己不仅是一名演奏者，
也是一名推广者。
他以传统之心固守经典的同时，
也以创造之心为传统音乐
带来了新的可能。

⬆《尺八・一生一世》发布会现场。

Q 您是如何接触到尺八这种独特的乐器，并且一路坚持下来的？

A 我们家是民谣世家，我的父亲是尺八演奏家，十岁的时候我遵从父亲的意愿开始学习尺八，这就是契机。虽然一开始不是自己想学尺八才学的，但后来进入东京艺大的尺八专业，跟同年龄的朋友一起相互鼓励着走到了现在。

Q 尺八带给您的体验是什么样的？或者说，尺八最大的魅力是什么？

A 尺八的魅力在于其独特的音色，它的特点是吹奏者能够通过它很容易展现自己的心境和音乐类型。

虽然尺八的音孔很少，但是每个音孔的音都各有特点，我认为尺八是能够如镜子般映照出自己的内心并将其演奏出来的杰出乐器。

Q 尺八作为一种受众较少的传统乐器，在求学过程中，师徒关系是怎么样的？山口五郎先生身上令您感触最深刻的是什么？

A 尺八是源于中国的传统乐器，但在日本有非常悠久的发展历史。当然，它跟老师的羁绊同样也是非常深的。如果要比喻的话，对我来说，老师是如同父亲般的存在。他给我印象最深的事有两件。一件是以前问他年轻时是个怎样的尺八演奏者，老师回答说："就算再怎么困难，也要一直吹奏着尺八直到现在。"另一件是发生在老师去世一年前，东京艺术大学举办学习交流会，老师评价了我的演奏。我当时问是否有来听我今天的演奏，然后老师说："能演奏成这样，非常棒。"那是他第一次开口夸我。这就是我跟老师之间两件印象最深的事。

Q 是什么促使您把传统音乐和现代音乐相结合?

A 其实我不是在考虑如何融合传统音乐和现代流行音乐，这件事的契机是我发现其实尺八能演奏任何类型的音乐。另外，我和现在的年轻人一样，是听着各种类型的音乐长大的。与其说这是刻意融合，不如说这是自然发生的事。

Q 这种结合是不是您有意识地想要打破两者之间的界限，让更多年轻人体会到传统古典音乐的魅力?

A 为了向更多的年轻人传达传统音乐的魅力，我会在流行音乐中使用尺八，会和很多其他乐器融合。虽然我现在这么说，但其实在20年前左右，很多人是完全不知道尺八这个乐器的。虽然现在大家能在电视节目、舞台剧、动漫、电影等很多地方听到，但当时真的完全没人知道尺八，我对这种情况感到很悲伤，所以跟朋友一起想了很多办法，也一边商量着怎样给不只是年轻人，而是让更多的人知道尺八这个日本乐器，就这样我们打破了东西方音乐之间的界限。

Q ALIAKE 乐队是否就是一个各种音乐碰撞的体验?东方与西方音乐的交融有没有带给你意外的惊喜?

A ALIAK 确实是一个融合了各种音乐的乐队。我们现在正在以新民谣为方向创作音乐，当然也能从西方音乐和东方音乐的融合中发现一些有趣的事。令我感到意外的是，西洋音乐其实和东方音乐有很多相似点，和日本传统音乐有着同样的旋律和音阶，而且意外的是，西洋音乐和日本传统音乐和音阶相融合的时候，会达成一种非常棒的和谐状态。

Q 无论是东西方音乐的结合，还是传统与流行音乐的碰撞，都需要您亲自对音色曲目有所调整和摸索，这也算是一种推陈出新的创造吧。需要不断摸索，去探索新的可能性。

A 我觉得对音色的调整是演奏尺八的最大技巧。在探索新事物的同时，也需要深入学习经典，我认为在这个过程中也能发现新的东西，所以要同时吸收传统和流行的演奏技法。同样我也认为不管是西洋音乐还是东洋音乐，今后都必须继续深入思考并挖掘更多的可能性。

Q 尺八作为一种僧侣乐器，在过去是与普通人有距离的，但您把它带上了街头，是一种什么样的想法?

A 在江户时代，虚无僧能够吹奏一般人不被允许吹奏的尺八，但那已经是几百年前的事情了。现在每个人都能够去吹奏尺八，它也是一件能够代表日本的乐器。我在街头演奏尺八，其实并不是想要去体验跟虚无僧相近的生活，而是因为我在大学毕业后想要展开以音乐为中心的生活，但是没有一个能让我展现的舞台，也没有能力去单独开演奏会，所以我过了一年半左右在街上吹奏尺八的卖艺生活。现在回想那段日子，感觉那时就像在过着虚无僧的生活。虽然现在回头去看那时的我很像虚无僧，但当时并没有什么目的，只是想在很多地方演奏我的音乐，并通过这种形式提高自己的能力，所以当时我成了街头艺人。

Q 您如何看待尺八目前的现状以及今后的传承?

A 比起日本国内，在中国、美国、欧洲等日本以外的世界范围内，尺八得到了很多人的喜爱，也有更多人加深了对其的理解。所以说，现在日本国内很多尺八演奏家还有音乐评论家都在思考如何将尺八传承下去才是正确的。我希望今后尺八会成为世界性的杰出乐器。

⬆ 纪录片《尺八· 一声一世》的长城拍摄现场。

Q 来中国推广尺八的时候，是什么令您印象深刻？

A 印象很深的是我发现在中国已经有了一些非常喜欢尺八的人。以我们的纪录片《尺八·一声一世》导演 Helen 为首，一些（剧组的）工作人员也在学习尺八，我也因此获得了在中国推广尺八这个杰出乐器的动力。还有一件印象很深的事情就是在上海演奏会结束后，有中国尺八粉丝在场外找我签名。

Q 接下来有什么计划或者想要落实的想法吗？

A 关于之后在中国的活动计划，虽然现在还没有具体的日程可以告知大家，但我想在中国的北京、上海等地开设能让许多人学习尺八的“尺八课堂”，也想进行一些推广尺八的活动。然后关于我的个人活动，我想在今年年底前制作发行包括去年 12 月 ALIAKE 上海演奏会的 DVD，以及一张新的原创 CD，请大家多多支持，谢谢。

A WONDERLAND waved by CARPET

文 / 姜俊彦 Text / Jiang Junyan
图 / Alexandra Kehayoglou Photo / Alexandra Kehayoglou

地毯编织起的奇妙国度

⬆圣克鲁斯河（Santa Cruz River），2017 年澳大利亚墨尔本维多利亚国家美术馆三年展，2017 年制，100% 毛，10m × 4.50m。

Profile

Alexandra Kehayoglou 1981 年出生于布宜诺斯艾利斯，是一位视觉艺术家。她有一手享誉世界的独门技艺——手工编织的艺术地毯。

Alexandra Kehayoglou 出生于阿根廷的传统纺织家庭，从小到大受到家族企业耳濡目染的影响，继承了家族的纺织手艺，当上了家族纺织厂的首席执行官。但是她并不满足于此，而是迷上了编织自己的艺术地毯，开创着属于自己的创作之路。Alexandra Kehayoglou 制作这些神奇的地毯所用的材料来自于自己家的工厂 El Espartano，该工厂已经生产工业地毯和家用地毯六十余年了。

Alexandra Kehayoglou 的作品主要是来自她关于不同自然风光的一些记忆，这些地方有的是她去过的，有的是她一直想去看看的。她的作品就像一个缩小版的自然风光图。那些草地、田野、庇护所、挂毯和盾牌，都让看的人或者正在使用地毯的人感觉心旷神怡，仿佛身临其境。她的每一件作品都是独一无二的，拥有着无法复制的纹理、编织手法和色彩。编织的手法是来源于传统的家族手法，但是在编织过程中，她又用双手为其赋予了新的含义。

在 2014 年的时候，她的“仲夏夜之梦”主题地毯作品成为当时巴黎时装周的焦点之后，她的作品引起了媒体和世界的关注。当时，她和著名时装设计师赖斯·范诺顿（Dries Van Noten）合作，编织出了至今为止最长的作品，那是一条全长有 50 米的地毯，名为《过去和将来》（*Before and After*）。这个名称来自于 Alexandra Kehayoglou 的亲身经历：在她幼年的时候，阿根廷曾经有很多青草地，而如今因为大规模的耕作和城市化的进程，那些记忆里漂亮的景色正不断消失。而她希望借由这个作品呼吁大家能够多多保护自然，与之和谐相处。2016 年，她在巴塞尔艺术展上展出了大型装置地毯作品

← 希望这是一段漫长的航程（Hope the Voyage Is A Long One），2016 年春夏爱马仕雅典橱窗，2016 年制，3.20m X 1.70m，100% 毛。
© Francisco Nocito Courtesy of Alexandra Kehayoglou Studio

《长溪不再》（*No Longer Creek*），在布宜诺斯艾利斯的拉格乔河上大规模宣传，并获得数字艺术平台 ARTSY 的赞助。

Alexandra Kehayoglou 对环境和自然的关注一直未停歇。作为现代安提戈涅节日的一部分，她的作品《新视角的兜风》在纽约奥纳西斯基金会展出，探讨了基克拉迪群岛月球般的米洛斯岛地质现象的转变过程，以及人类如何通过采矿等工业用途破坏了关于我们地球起源的这些有价值的信息，导致富集矿物的灭绝。最近，她被选中代表阿根廷参加在维多利亚国家美术馆举办的 2017 年三年展，在那里她介绍了里约圣克鲁斯项目。该项目包括对圣克鲁斯河计划中失踪的河床的实地考察和分析，这是巴塔哥尼亚连接安第斯山脉和大西洋的最后一条尚未开发的冰川河流。

值得一提的是，她 2017 年的一幅作品中的圣克鲁斯河（Santa Cruz river），由中国和阿根廷公司组成的财团进行了两次大规模建设，总投资约为 4100 万美元。这些大坝将淹没 43.785 公顷的世界上最富有的考古遗址，并改变从安第斯山脉最大的冰川到公海的正常水道。她的项目记录了圣克鲁斯河（Santa Cruz River）的景观，制作出一幅挂毯 / 地毯作品，使这片消失的河床及其周边地区永生不朽。

Alexandra Kehayoglou 的作品在世界范围内树立了影响力。作为对生态破坏的抗议，这些美丽的地毯不仅仅具有艺术和观赏价值，它们更是在呼吁人们提高环保意识。这是对荒野灭绝的一种警告，是一种支持改变文化的强烈声音：改变这种并不担心人在地球上的存在所带来的剧烈的环境变化的现代文化氛围。

Q 你关于地毯制作最开心的童年记忆是什么样的？

A 我觉得我关于地毯的记忆大部分都是我周六的时候和父亲一起去制作工厂，工厂多数时候都是空荡荡的，因为父亲带我去的时候已经下班了。现在想着这些和他一起在工厂的记忆，让现在的我很开心。

Q 你第一次制作艺术地毯是什么时候？你能形容一下你完成第一件作品时候的心情吗？

A 当我从艺术学校毕业的时候，我萌生了用地毯做一些艺术作品的想法。但是制作这些东西其实不是我主要的想法，我毕业后就在家族工厂工作了。我让父亲为我买了一台和工厂里制作地毯一样的机器，这样我就可以进行一些尝试，各种设计和编织方式等。当我做这些的时候，我觉得我身体里的某些部分特别熟悉和自然，于是我就知道这是我要做的东西，并且这些和摄影很像，这种感觉很神奇。

⬆ 长溪不在（No Longer Creek），大巴塞尔艺术设计作品，2016 年制，100% 毛，8.20m X 4.60m。

© Wayne Taylor courtesy of the National Gallery of Victoria Melbourne

牧场地毯其一（Pastizal Human Nature I），
2015 年制，100% 毛，3.30m x 2.20m。
©Francisco Noctio courtesy of Alexandra Kehayoglou Studio

EM: 03

⬅ 全景（Panorama），JUT 集团台北演讲厅，
2017 年制，100% 毛。
© Courtesy of JUT

EM: 03

⬇ 碑（Stele），2016 年制，100% 毛，3.90m x 2.30m。
© Francisco Noctio Courtesy of Alexandra Kehayoglou Studio

Q 你的作品多与自然有关，请问你是从哪里获得创作灵感的呢？

A 对这个问题其实我现在有新的看法，这不是在做和自然相关的作品，其实应该更具精神性。我的灵感来自于我被自然吸引，环绕在自然之中的我有一个很好的状态，那是一种沉静自如的感觉，从这之中我感受到了内心的平和。现在我开始明白，这些都来自我童年和自然相处的经历，现在我觉得这是我的使命，这就是自然流露的过程。

Q 在制作地毯的过程中，你最享受的是什么？因为我们都知道创作这样大型的作品需要很多工夫和耐心。

A 是的，创作这些确实需要很多的努力，前期就需要做很多准备，这是我最喜欢的部分。我会去采风，去感受那些我要去创作的自然风光，很多都即将消失。之后我回到工作室，整理这些资料，然后开始制作。我喜欢自己发呆，制作过程更像是冥想的过程，真正深入地了解我正在制作的这些东西，让它们鲜活起来，赋予这些风光新的生命，我很享受这样的过程。

Q 你能和我们分享一下你的日常生活是什么样子的吗？

A 我在日常生活里时常是矛盾的，因为我不喜欢太日常的东西，不喜欢每天做一样的事情。我有个儿子，所以我也会做母亲该做的日常家务。送我儿子上学后我就开始创作，和我的创作团队讨论，制作新的作品。之后我就去跑步，在公园里沿着河岸跑步，我喜欢自己安静地发呆，一个人。但也喜欢和家人一起度过美好时光。

⬆ 无题，正在进行中的工作，2016 年制，
100% 毛。
© Francisco Noctio courtesy of Alexandra Kehayoglou Studio

Q 与其他的艺术材质相比，你觉得地毯织物独特的地方在哪里？

**A 我觉得地毯有时候被人遗忘了，
其实它也只是一种形式，
不过其实我也并不在乎它是否被认为
是一种创作艺术的方式。
我喜欢它，它能描绘我
心中的故事，一段路，一个地方，
就好像是在讲故事。
这是很有力量的。
我觉得地毯特别的地方是
你可以站在上面，触摸感受它，
也可以用它讲故事，
还可以观赏它，
所以作为一种艺术形式，
我觉得它是很多维的。**

Q 你的理想生活方式是什么样的？

A 我觉得理想的生活方式是环绕在能让我们不断向内心发问的环境之中，我现在正努力做到降低消费频率，细细想想买什么，为什么要买，然后我买了之后会有什么样的后果——我指的是对地球的影响。我理想中的状态是只消费我们需要和喜欢的东西，并且能认识到每个人都能选择适合自己的生活方式。

⬇有熊公寓，苏州，2017 年，改造。

Buildings are EVERY-WHERE

文 / 刘念慈 Text / Liu Nianci 采访 / 周英男 Interview / Zhou Yingnan
图 / 青山周平 Photo / Aoyama Shuhei

处处无家处处家

⬇有熊公寓，苏州，2017 年，改造。

Profile

青山周平（Aoyama Shuhei），知名青年建筑设计师，B.L.U.E. 建筑设计事务所创始人，生于日本广岛，现居北京。他致力于在建筑设计之中探寻人与自然、生活、文化之间的美妙关系，其作品风格低调简约而温暖丰富，赋予了建筑改变生活的魔力。

⬆改造前的苏州有熊公寓位于苏州老城区的一处古宅，宅院占地面积约 2500 平方米。老宅始建于清代，有着百年的历史，是典型的苏州园林庭院。

⬆改造后的苏州有熊公寓，设计基本沿用了原有的庭院布局，虽然改造成了现代公寓，但设计理念是希望延续老宅原有的精神和空间体验感，而不是将宅院割裂成一个个孤立的客房。

一家铺满白瓷砖、嵌着黄铜条、天花板上吊着擀面杖的烘焙店，不同于传统原木格调的明亮色彩，裹挟着原麦温润馥郁的香气，让人耳目一新。拥有空中走廊，仿佛童话王国般的小学校园，铺设“彩虹楼梯”的儿童书店，长廊犹如通往雪国列车隧道般的护肤品店，晦明变化、曲径通幽的“森林”书店……这些与众不同、风格独特的建筑设计都出自日本建筑设计师青山周平之手。这位年轻的设计师，醉心于探索自然、社会与人居环境之间的细微关系，擅长在完美开发建筑功能的基础上，将自己对城市和社会的思考融入其中。

本页 有熊公寓，苏州，2017 年，改造。

EM: 03

“始于颜值，陷于才华，忠于人格”，或许是对青山最好的描述。他有着酷似小栗旬的相貌，衣着简单，气质出众，充满魅力。先后从日本大阪大学和东京大学学成后，他辗转来到清华大学攻读博士学位，并担任大学讲师。他的作品获奖众多，风格独特，兼具实用性与艺术价值。即使如今名声大噪，他依然身居小巷闹市，谦逊低调，脚踏实地。身为建筑师的父亲让他从小就拥有了对于建筑的极大热情。在日本建筑行业接近饱和的情况下，他仍然坚持投身建筑专业，一头扎进其中。三年的理论学习让他深刻认识到实践与理论的结合，才会让创造源源不绝地获得新鲜血液。于是他开始了休学旅行。游历亚欧大陆时，他终于亲眼见到了那些古往今来沉淀下来的建筑，那些一代又一代翻修革新的民居，那些在城市和乡村，依靠着山川、河流而生的人们……游历带给他的震撼和收获是无可取代的。他似乎从这种体验之中，看清了自己的责任：将自然融入建筑中，用建筑设计来影响和改变社会。此后的生活中，他一直坚持如此。

“理论与实践要结合，理论与实践的反复过程对新思路的开拓会有较大好处。”

在 LEXUS 雷克萨斯
“创想非凡·新豪华艺术论”的
思想盛宴中，青山就提到自己
对于“车”这种逐步空间化和
家庭化的产品设计过程中
“人与自然融合”的看法。
他认为自然和人并不是
泾渭分明割裂开的，
而是彼此交织、息息相关的。
在设计之中，将“创造”
与自然的馈赠相结合，
传承的传统与现代技术通过手工来呈现，
拥有了丰富内涵和回味无穷的价值产物。
这样才称得上是当今时代的豪华。

⬇有熊公寓，苏州，2017 年，改造。

本页 南锣鼓巷胡同小户的大变身，北京，2016年，改造。

生在日本长在日本的青山周平自然对东方美学中的思辨哲学理解深刻。对于北京情有独钟的他，选择和妻子住在闹市胡同，既有自己的私人空间，又允许开放的人际交流。这与LEXUS雷克萨斯的"YET兼融之道"不谋而合，将不同的面结合在一起达到完美的平衡，也契合着青山认同的现代社会中人对于自我的两种思考。

"我不设计建筑，我设计感觉。"青山认为，家其实是一种人与空间关系的思考，家是人能够最大限度获得放松感的建筑。面对现代快节奏的高压生活，年轻人面临来自生活各方面的困扰，对于"家"的思考逐渐趋向于"将就"，传统意义上的家对于他们似乎变得奢侈。青山深入探索"独居青年"的生活现状后，他从"将城市变成家"的角度，设计出了400多个盒子，重新定义了青年未来的"家"。同样，他和妻子共同创办的设计事务所，一直致力于当下存在的问题，放眼未来，解决更多的社会问题。

多年的设计经验和人生阅历，让他拥有了开放的思维方式，把握建筑设计中严谨的逻辑关系，改造出空间利用率极高的小户住宅。他善于观察，切身实地考察业主生活，深入思考住宅和社会及人的关系，却又不忘注重人的个体感受。那些大改造中特意保留下来的小物件，使得他的作品充满了天人合一的精妙和海纳百川的包容。"我选择建筑并不是因为想做建筑，而是因为这是一种探索现代生活的手段。"

他已经不是一味追求作品数量的设计师了，而是人类社会发展问题的思考者。正是这种心系苍生的大气概和一如既往的创造之心，让青山周平和他的作品充满了极致魅力。

Q 来到中国之后，为什么选择住在胡同里？作为建筑设计师，在您眼中，胡同这类建筑群有哪些特别之处？

A 我想尝试一下不同于东京的平民传统住宅，所以选择胡同。我认为胡同是城市的一部分，胡同是与自然共生的一种状态，我最喜欢的是胡同里的树和阳光，一天当中不同时间会有不同的照射角度，也会带来不同的感受，是一种动态的效果。

Q 是怎样的契机促使您在大学时期选择休学一年去环游世界的？能和我们分享您在旅程中让你印象最深刻的故事吗？这些经历是否在某种程度上激发了您的创造灵感？

A 我去的主要是一些比较偏僻的地方，因为在那里我能更多地看到自然的影子，也可以看到很多不同的生活方式，而且在我看来世界上没有绝对正确的事物，可以这样看也可以换一种角度看。我经常举的例子，比如彩虹，人们总说彩虹有 7 种颜色，可是事实上彩虹是一种渐变的由很多种颜色组成的事物，但是你能说人类的说法是错的吗？不能，可能就是“横看成岭侧成峰”的原理吧。

本页 划公共空间做家的延伸 —— 失物招领所，北京，2015 年，装修。

Q 您曾经在雷克萨斯"创想非凡·新豪华艺术论"上提及："没有加工过的自然，比如说我们经常去庭院的时候感受到很美，这是自然的美，其实不是，这是人与自然的关系。"在建筑设计之中，您认为应该怎样将"创造"与"自然"相结合？

A 我想追求的是一种自然的状态，
而不是自然本身。比如说
亚马孙的森林，里面有树，
还有其他各种植物、鱼、
昆虫等，它们虽然是不同的物种，
但却可以在一个森林中共生，
并且保持一种动态的平衡，
很自然的，没有刻意的。
每个事物都有它存在的
意义和价值，存在即真理。

Q 您是如何平衡传统工艺与现代生活方式的？这和您所尊崇的建筑设计理念有何共通之处？

A 传统工艺不是古代工艺，其实传统工艺也是在随着时代变化的，与时俱进的。匠人们也是在随着时代的发展而进步着的。所以说传统工艺也是一直在发展进步的工艺。

Q 雷克萨斯独创的"YET兼融之道"，使表面上看起来冲突对立的想法，通过辩证统一达到新的平衡，您从设计的角度如何理解？

A 我认为这是一个东方哲学的思想，
也就是没有绝对，都是相对的。
没有绝对的对，也没有绝对的错。
比如日本的枯山水、盆栽、茶道等，
不同的人有不同的见解，
天可以是地，零也可以是一，
阴阳协调互补，对立又共生。

Q 拥有那么多出色的设计作品，您能和我们分享一下"我不设计建筑，我设计感觉"这句话的含义吗？

A 我的目的不是设计一个
物理上的建筑，而是
在设计一种体验和感觉。
无论建筑的形状外表如何，
只要人们住得舒服就是好建筑。
就像作家写文章并不是
单纯为了写字，
而是为了能让读者产生一种
共鸣或不同的感觉吧。

⬆ 划公共空间做家的延伸——失物招领所，北京，2015 年，装修。

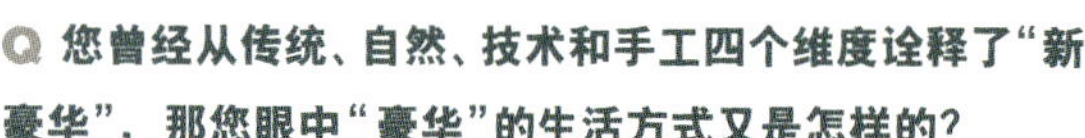

Q 您曾经从传统、自然、技术和手工四个维度诠释了“新豪华”，那您眼中“豪华”的生活方式又是怎样的？

A 古代的豪华是一种在外观上对于极致的追求，金碧辉煌或者是雕梁画栋。而现代的生活中，我追求的豪华是一种人们内心情感的丰富与完整性。

Q 您一直致力于通过建筑设计创造新的生活方式和价值观，发掘人、空间、生活与自然结合的各种可能性。那么，您如何看待“创造之心”？

A 首先我不是艺术家，
艺术家的灵感来源可能都是个人的、
主观的，不需要考虑太多社会与生活。
但作为一个设计师，
我的创造之心更多的是一颗
为百姓服务之心，
站在大家的角度，
为他们而设计，去改变。

Q 您被称为“拥有四百个盒子的男人”，深入探索“独居青年”的生活现状后，您拥有着一些怎么样的“盒子”呢？能和我们分享它们的故事吗？

A 现代的生活变得愈发孤独，“一个人的生活”变成了常态。比如东京，有一半的人是在一个人生活、工作、吃饭。但我认为孤独并不等于寂寞，每个人都是从孤独而来再走向群体的。我们都是一个人成长，一个人生活和工作，然后再组成两个人的家庭，最后成为一个三口之家。

Q 现在作为建筑设计的教师，你最想教授给学生的是什么？

A 建筑设计不同于数学，
没有唯一性和绝对性，1 加 1 就等于 2，
但在建筑设计方面可能会有很多
不同的答案。这是一点。

然后还想告诉他们的就是
做建筑首先要了解历史，
了解祖宗生活的经过，
知道自己从哪里来的才知道
将要去向何方，以史为镜，
才能做出属于未来的好设计。

SPACE GLASS: the Macrocosm within GLASS BUB-BLES

文 / Zhang Huixia Text / Zhang Huixia 图 / 户水贤志 Photo / PlusAlpha Co., Ltd.

玻璃珠里的宇宙大观

⬆ "宇宙玻璃珠"，户水贤志的所有作品中最令人印象深刻的一件。

“请别感到孤单，
整个宇宙在你心中。”
波斯诗人鲁米的名句表达了
一个诗意浪漫却异常
渺茫的愿望。宇宙何其宏大，
如何能容纳于方寸之间？
没想到，日本玻璃艺术家
户水贤志却几乎实现了
这个愿望。他创造出的
“宇宙玻璃珠”（Space Glass）
虽不能让人心容纳宇宙，
却可以让大家把宇宙挂在胸前，
挂在最靠近心灵的地方。

← 未上市作品，户水贤志每天都在探索不同的做法，创作崭新的宇宙。

Profile

户水贤志，日本玻璃艺术家，曾获 J-Wave Atelier Nova 设计大奖。2008 年起开始制作耐热玻璃饰品，其代表作：“宇宙玻璃珠”制作精美、工艺精湛，宛若一个微型的浓缩宇宙，如幻如梦，广受好评。

户水贤志 28 岁开始接触耐热玻璃艺术。和很多传统玻璃艺术创作一样，开始时，户水尝试着在玻璃珠里重现各种真实形象，如花卉、水母等。但渐渐地，这种复刻式的创作已不能满足一个艺术家磅礴的灵感世界。户水开始寻找新的创作可能性，他希望赋予玻璃艺术新的生命，用艺术的方式去阐释自己对自然、对天地万物的畅想。于是宇宙，这个神秘而宏大的存在便出现在户水的脑海里，他要阐释宇宙，阐释这个人类与万物的生存空间。

把宏观世界装进玻璃珠的微观空间里，
伟大与渺小、无形与有形、
虚幻与真实之间的碰撞，
本身就充满了艺术火花，
令户水着迷不已。
他将传统玻璃制作技艺融入
“宇宙玻璃珠”的创作中，
做工细致，工艺精湛。
每颗玻璃珠虽只有瞳孔大小，
却是一个纷繁复杂的独立宇宙。
蛋白石象征行星，真金白银碎片是
万千星尘，以彩色玻璃的流动线条
模拟斑斓的星轨。“宇宙玻璃珠”
不由得让人联想到电影《黑衣人》
中那个猫铃铛，宇宙藏于铃铛之中，
铃铛即宇宙入口。

⬆ 表现了行星被吸入时的作品。

⬆ 螺旋和行星的颜色完美融合在一起的一件作品。

“宇宙玻璃珠”在 2015 年末引起广泛关注，从此户水贤志的生活异常忙碌起来。然而，巨大的商业成功并没有让户水迷失方向，他始终坚持手工制作，缓慢而细致地打磨作品。独一无二，是“宇宙玻璃珠”最富魅力的地方，也是拜手工制作的魔力所赐。因为产量有限，“宇宙玻璃珠”采用网络抽签的方式进行贩售，能否买到就看顾客与作品之间的缘分了。

人和宇宙之间存在着某种不可言喻的关联。一颗玻璃珠被创造出来，仿若一个新宇宙的诞生，它们承载着创造者户水贤志对天地万物的感念与理解。而最终得到这些玻璃珠的顾客，又会在日复一日的佩戴、抚摸与凝视中，赋予它们新的生命脉络，让它们变成有温度、有感情的珍贵物件。

人虽然生活在宇宙之中，但大多数时候和宇宙之间的联系却是微弱不明的。我们无法透彻地获知宇宙的真实样貌，正如我们多半无法透视自己的人生一样。户水贤志的”宇宙玻璃珠 " 之所以这样受欢迎，除了作品本身精美绝伦外，更重要的或许是这些玻璃珠让我们有机会近距离接触到宇宙这个宏大虚无的存在。宇宙不再是遥不可及的世间万象，而是时时挂在胸前的一颗珍宝。尽管玻璃珠里的宇宙并不是真实的存在，但通过艺术形式将神秘力量具象化，却是身为艺术家最伟大的创造力的表现。

Q 您是从什么时候开始接触玻璃艺术的？能否为我们介绍一下您的艺术创作背景与创作经历？

A 我接触玻璃艺术已经 10 年了。很早之前就喜欢与创意相关的工作，在开始接触玻璃之前，我曾经做过一段时间的银饰。银很美，是非常有魅力的材料，但它会随着时间的推移而变色，而且随着佩戴方式的不同，有时还会变形。我不太喜欢银的这种变化。然而，玻璃却可以长时间保持美丽状态，不会氧化变形。哪怕时光流逝，依然不减最初相遇时的感动，玻璃拥有的永恒美丽，令我为之着迷。所以我最后决定开始以玻璃为原料进行创作。

Q 为什么给自己的品牌起名＋α（Plus Alpha）？有何寓意？

A 在日本，＋α 有一种附加的意思，有积累之意，是一个不断努力获取的过程。为了出产好作品，需要不厌其烦地打磨细节，增进技艺，这是一种附加，一种＋α；当顾客得到我的作品时，我希望这些玻璃珠可以为他们每天的好心情加码，增加他们生活中的乐趣，如果可以触发他们对生活、对世间万物的一点思考，那更加是我的荣幸，更是一种充满祝福与能量的附加。想到这些，我觉得＋α 是一个元气满满的名字，所以将其作为我们的品牌名称。

Q 是什么触发您创造了“宇宙玻璃珠”这个作品？请为我们的读者介绍一下您与您团队取材的灵感来源，是什么让您想到用玻璃工艺展现大宇宙的魅力？

A 在制作宇宙玻璃珠之前，我主要制作像花卉、水母等实际存在的设计作品。类似的作品在市面上已经非常非常多，能够发挥的艺术空间可能更多限制于技艺与技法上，而从创意上突破的空间不多，于是我逐渐对这类设计感到无聊，我想设计自己从来没有见过的作品，创造出一种新的可能性。思来想去，众所周知却很少人实际见过的设计，我想大概就是“宇宙”。

这是一个很有趣的命题，宇宙是我们的生存空间，但我们其实对它所知甚少。对艺术家来说，这是一片巨大的珍贵的留白，有太多可以发挥想象的空间。同时，大家对这个空间都保有某种程度的好奇与向往。我想，那我不妨把自己的想象与玻璃艺术做一个结合，呈现给大家，看看大家是否也有同样的想象。我觉得这是一个很好的互动，大家的反馈可以让我看到自己的局限，与此同时，也为我提供更多的灵感与创造力。

Q 能否为我们简单讲解一下“宇宙玻璃珠”的设计理念与工艺？

A 我将无边的宇宙凝聚在一个小空间，接近球状的设计，可透过各个角度观赏。象征行星轨道的螺旋，使用金和银的金属粒子着色。这些螺旋的颜色会根据不同背景的颜色而发生各种变化。希望喜欢它的人能够透过各个角度欣赏看不到摸不着的宇宙空间。

⬆ 采用 1800 摄氏度高温火焰融化玻璃，再一件一件手工制作。

“宇宙玻璃珠”的设计不完全等同于宇宙的真实存在，而是我创作时那一瞬对宇宙的理解与感念，这是另一种真实存在；当顾客在欣赏这些玻璃珠时，也可以将自己对宇宙的想象附加进去，又形成一种真实存在。这些想象与理解可以赋予艺术品新的生命，远远超乎艺术家本身的创造力，从而迸发出精彩绚丽的艺术火花。

⬆ 因为是纯手工制作，它们每一个拥有不同的“表情”。

Q 到目前为止，您是否已经创作出了自己最喜欢的“宇宙玻璃珠”？您心目中完美的“宇宙玻璃珠”是什么样子？

A 我想暂时还没有。并且，如果我因为做出完美的作品而满足了，恐怕就再也不会做“宇宙玻璃珠”了。这或许是艺术家的一种“通病”吧，追求完美但又不局限于完美。完美如同一个终点，到达了反而或许会有些失落。我更珍视追求完美的过程，看到自己和作品越来越好，那种日益增长的满足感与自信让我感到幸福。我也希望能通过我的作品将这种幸福感传递出去，让所有追求完美的人感到不孤单，因为一路上有伙伴同行。

对我来说，完美的“宇宙玻璃珠”代表着再也没有比它更美的作品。这应该有点奢望了，因为我知道世界上永远会有更美好的东西。美好的东西让世界变得丰富多彩，让我永远保持对世界的好奇与探索的动力。

Q “宇宙玻璃珠”目前采用网络抽签的方式贩售，每次都有设立贩售主题吗？比如木星主题、火星主题、银河系主题？

A 我们没有专门设立主题，也没有特别给每个系列的“宇宙玻璃珠”取名。

我更重视创作时瞬间迸发的灵感，设立主题就如同框架，迫使你必须在一个界限内去完成作品，这会让作品失去独有的风范，变得面目单一，我不想为我的作品设限。另外，我觉得拿到作品的人，实际感受到的东西也很重要。

假设我为作品取名，而拿到作品的那个人却有完全不同的感受，这样就很矛盾了。每个人对事物的认知都不同，我赋予作品某种可能性，得到它们的人也可以赋予作品某种可能性，这样一来，一件作品就拥有了不同的艺术面相，变得缤纷起来，也就更具生命力和时间性。

Q 除了“宇宙玻璃珠”，以工艺品与充满未来感、空间感的话题相结合的创作方向，日后还有什么新的创作计划吗？

A 目前还不确定是否继续相同的创作方向，但我已经在着手设计不同于“宇宙玻璃珠”的作品，希望能够带给大家新的感动。

HEART OF ARTISTIC

艺术的创造之心

科技和艺术融合，可以实现质的腾飞。关于“科技”，除了理性分析与研究，还可以在艺术的驱动下感受与想象。正是在“理性”与“感性”有意无意的碰撞下，创新之心不断被锻造，赋予我们每一个人。

如果你能够总是用一种新奇或者独特的方式体验这个世界，对这个世界的感知总是新颖的，判断总是富有洞察力，对生活又经常有些你自己的新奇发现，这就是拥有创新之心的表现和富有创造力的生活。

这些不同背景的艺术家与科技工作者，以崭新的视角思索并共同探讨着，亲身体验着、感受着艺术与科技交织出的美好，激发我们的想象，在创新之路上砥砺前行。

CREATION

New
Art Form
全新艺术形态

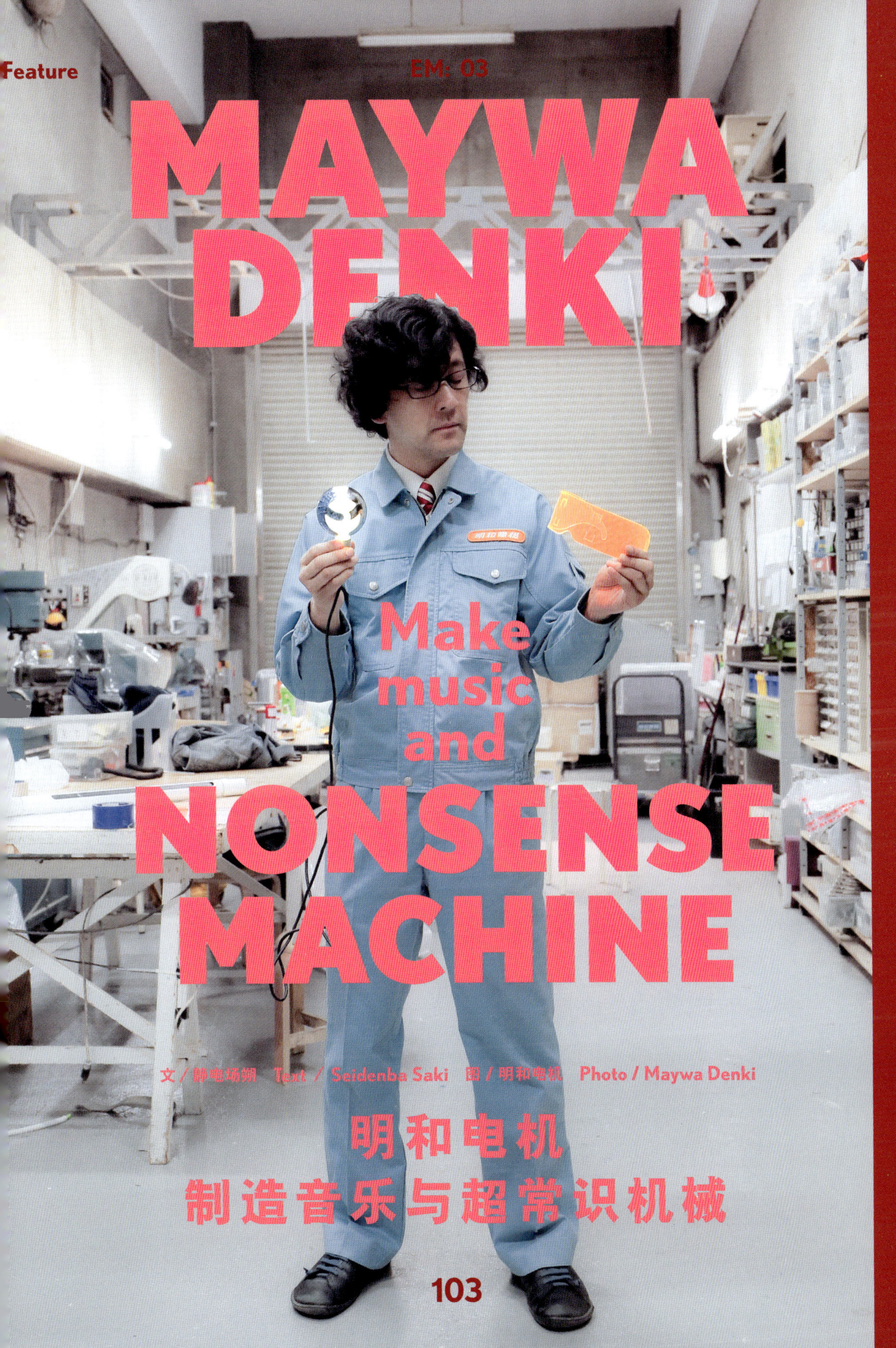

MAYWA DENKI

Make music and NONSENSE MACHINE

文 / 静电场朔　Text / Seidenba Saki　图 / 明和电机　Photo / Maywa Denki

明和电机
制造音乐与超常识机械

国内的很多年轻人对于日本的
明和电机（Maywa Denki）并不陌生，
听到明和电机，大多数人的第一反应
就是这几年音乐节的人气道具——
电音蝌蚪（Otamatone），
这个看似胡闹的乐器一开口
就会发出奇怪的声音，
一下子戳中人们无法防备的笑点，
人们因为它的独特而使用它来
演奏各种乐曲。
凭借其独特的音色和
易于操作的设计，
这个蝌蚪一下子成为聚会上的宠儿。
电音蝌蚪可以说是在明和电机
千奇百怪的脑洞发明和装置作品中
最受大众喜爱的一个。
那么，发明并制造了它的明和电机
到底是一个怎样神秘的机构呢？

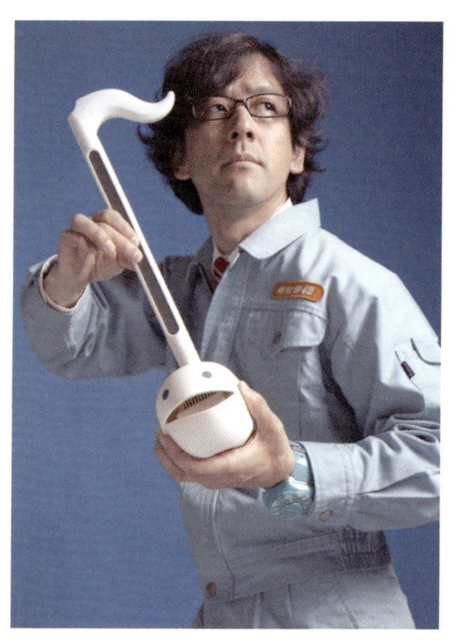
⬆ 明和电机现任社长土佐信道和明和电机最具人气的产品电音蝌蚪。

⬅ 初期的明和电机工厂。

⬆ 明和电机推出的唱片。

⬆ 电音蝌蚪酷MA萌（kumamon）合作款，蝌蚪头的部分变成了酷MA萌（kumamon）的样子。

“明和电机”这个名字乍听之下，就是一家日本电机公司的名称。一开始，创始人土佐信道的父亲在1961年成立了最初的明和电机工厂，这家中小型工厂当时为松下以及东芝等大公司代工真空管，而土佐信道也在小时候受到了父亲“工匠精神”的深刻影响。经历了十几年的经营，明和电机早在1979年由于石油危机而关门大吉。现在我们所看到的明和电机，是土佐信道在1993年和哥哥一起借用了父亲公司的名字创造的全新明和电机，

也可以说是换了一种方式的子承父业。他们组成了一个乐队，并且依然穿着工厂工人的蓝色工作服，利用原本的工厂设备制造的有趣装置乐器，用特殊的表演让倒闭的明和电机以一种全新的方式复活了。特别有趣的是，他们在表演的时候，为了突出原本的“电机”公司的特质，穿着工厂的蓝色作业服，表演活动也采用“产品销售”的形式，乐队成员之间也以“社长”“副社长”“经理”“社员”这样的中小型企业风格互相称呼。而明和电机在表演的时候所用到的乐器道具也都是自社生产的，这些乐器充满了20世纪末日本电子产品的设计感。

他们不仅在表演风格上独树一帜，“社长”土佐信道的设计理念也十分有趣。在公司企业的这一层面具之下，其实他们进行着各种跨界和艺术风格融合的创作，明和电机既是真正意义上的中小型制造企业，也是艺术和音乐团体、创客、工业设计工作室、乐器设计工作室等。他们所发明的乐器和道具都是这间工厂的产品，而每一次的表演就是一次“产品展示发表会”，而此时变身为主唱的土佐信道也变成了真正意义上的“社长”。在他们的演出中，每当要使用新的演出乐器道具时，土佐社长都会从功能上先和观众一本正经地介绍和演示，偶尔还会出现故意而为之的错误。最具有代表性的就是每次曲目开始之前，土佐社长都会大喊一声“Switch on！”（启动）。

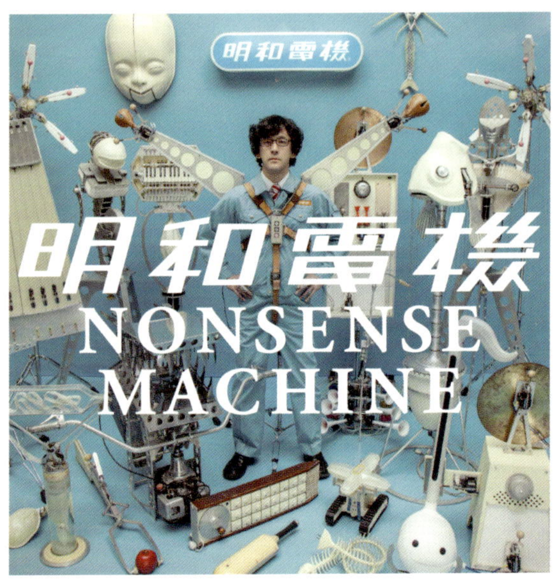

⬆ 身着响指木鱼的土佐社长与明和电机的部分知名产品。

⬆ 可连接智能手机的新型电音蝌蚪。

明和电机近年来在日本和海外也进行过多次装置和设计的展示以及乐队的演出，他们的展览名称为“超常识机械”（Nonsense Machine），旨在用这些超越人类日常行为的机械来改变人们，以戏谑的风格对资本主义建立的模型发起幽默的挑战。“nonsense”一词，也有“无用”的意思，土佐社长认为，很多机械在发明之初，都被当时的普通人认为是毫无用处的，比如飞机。而明和电机的超常识机械关注的是日常生活中“不可解”的部分。

明和电机的很多装置乐器，都是以系列来命名的。比如最早的“筑波系列”，以日本的同名城市筑波（Tsukuba）来命名。与当今的电子音乐相反，他们重新回到乐器的发声原理，用物理和装置产生声音，而避免用电子设备模拟发声。比如“响指木鱼”就是用通过打响指来操控身后的木鱼，产生连锁的声音等。后来诞生的“声音机械系列”（Voice Mechanics）利用机械结构来制造可以自行发声的乐器，唯一最后作为产品进行量产的电音蝌蚪也

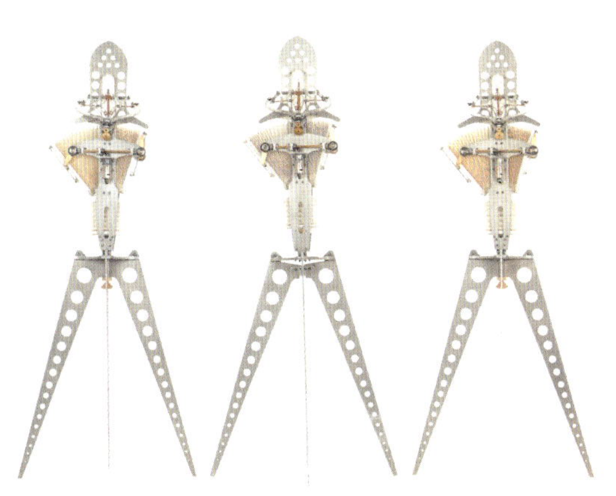
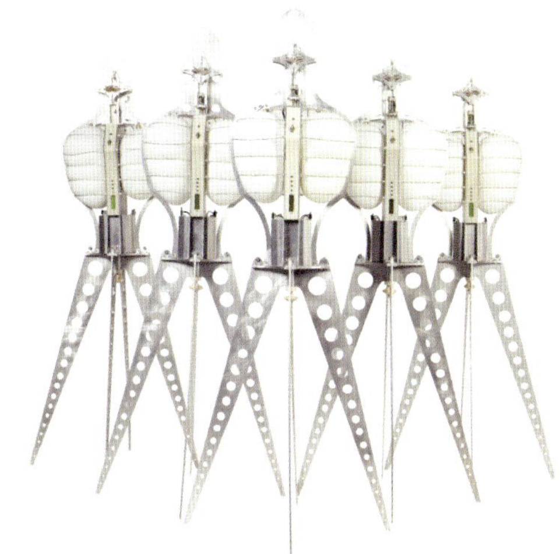

⬆ “声音机器系列”产品。

是这个系列的产品。它利用在“蝌蚪”长柄中手握位置不同而发出不同音阶，而操作所需的另一只手则用来控制“蝌蚪”嘴巴的开合，决定声音的长短和快慢。电音蝌蚪一经面世就大受欢迎。之后的产品则是充满更多社会意义的鱼器系列和雪绒花系列，装置本身对性别以及自我的认知提出了很多思考。土佐社长表示自己很容易对事物生腻，在不演出的时候，他都在开发新的产品。

对于产品的理念，明和电机也有一套创意流程制造手法，让客人除了接受信息情报，也能够积极参与其中。比如从明和电机的发明中衍生出来的ABCDEFG计划［A：art（艺术）B：book（书籍）C：CD（唱片光碟）D：DVDvideo（影像光碟）E：E-business（网络购物）F：fashion（时尚）G：goods（商品）］。在头脑风暴中，明和电机的成员们凭着对机械工业的热情以及自身的匠人精神，赋予每件工业产品生命和温度，打破了“机器是冰冷”的这一固有印象和实用主义的惯用思考方式，以“超常识”挑战人类的思考极限。

近几年来，明和电机频频亮相中国上海、香港等城市，将他们的发散思维和音乐理念传达给了很多国内的爱好者。2017年，明和电机第一次来到西安的Maker Faire创客大会，举行中国最大规模的一次专场live（现场表演），并且同中国艺术家萧子文以及静电场朔组成概念组合“触电”进行了联合演出，让表现形式变得更加有趣和异想天开。

← 土佐信道身着明和电机主要产品之一响指木鱼。

明和电机也积极发起并参与各种跨界合作，比如同无印良品举行联合艺术展，将明和电机的脑洞产品日常化和道具化，也参加了火爆的音乐节 Fuji Rock，可以说在各个领域都异常活跃。如果喜欢他们的话可以关注他们的官方网站，所有的活动都会详细地写在他们自己的新闻中。他们的商品目录（设计图纸）从脑洞开始到设计的雏形以及最后一步生产的详细步骤也会在网站上公开，可以说“干货”十足。

天才的构想与机械浪漫合理融合，
无厘头现场与中小型企业的形式绑定，
能唱能跳，能造玩具且有点神秘，
有点“脱力”的明和电机所给予观众的
并非一场无意义无基础的闹剧。
社长土佐信道在谈及规划理念时曾指出：
古代乐器多与自然生物有关，
常被构造成怪物与动物的形状。
近代乐器则多被设计成一种
协调性的样子，更看重机能性，
却消除了其中的象征性。
而电音蝌蚪等具有特别形式美的乐器，
从某种程度上也可以看作是找回这些
远古象征意义的发明。

When SEIDENBA SAKI meets NEW ARTS

文 / 李晔 胡任婧妍 Text / Li Ye, Konin 图 / 静电场朔 Photo / Deinsaki

当静电场朔遇见新锐艺术

⬆ Imano tokyo 项目中，根据东京月岛为原型绘制的作品。

⬆ 作画中的静电场朔。

二十世纪以来，结合了传统艺术领域以外元素的多元艺术形式不断出现，如常见的“科技艺术”（Technical Art）、“数位艺术”（Digital Art）、“装置艺术”（Installation Art）、“观念艺术”（Conceptual Art）、“行为艺术”、“生物艺术”等不胜枚举。如此多样的艺术形式随着时间不断地在挑战艺术理论能够定义的极限。

⬆ 静电场朔与画家本多丰国一起现场绘制《十二干支对战图》。

⬆ “大宇宙祭”活动上的即兴涂鸦。

近年来，多元艺术领域青年先锋人物层出不穷，他们在极快地成长后在各自擅长的领域独当一面。这些人不但各有独特个性，拥有冒险无畏的精神，应对不同挑战；同时又能在自己的作品中反映当下的时代特性，将艺术与多媒体的形式结合，对追求艺术与美的全新形式有着创造性和定义性的价值意义。静电场朔正是其中一位具有代表性的年轻女性艺术家。

静电场朔，知名新锐设计师、插画师、自由撰稿人、模特、动漫形象“块猫”的创始人。关于“静电场朔”这个名字，她说“朔”一直都是她的笔名，而“静电场”是在人脑思考时产生的安全范围内的电场，同时也代表了她自己容易起静电的体质，这样可见的“朔”和不可见的“静电场”便组成了她的名字。自中国传媒大学动画系毕业后，她萌生了系统地去学习原创艺术作品品牌化知识的想法，选择在日本东京继续攻读硕士学位。目前静电场朔常住东京，提出了 Far East Punk（FEP）的文化概念，以 FEP 思想为基础创立了以角色形象设计（character design）为核心的设计工作室——大宇宙酿（XL-Universe），致力于创造立足于东方的新世纪角色和艺术表现形式。

←《大宇宙祭海报》，大宇宙酿工作室、日本原宿的 Ultra Super New 画廊以及喜力啤酒合办的艺术家活动“大宇宙祭”旨在用“干杯”和“音乐”将东京的多元艺术凝聚一堂。

Q 学习艺术，从事新锐艺术相关工作对你的人生产生了怎样的影响？希望人们怎样去理解创作这件事？

A 学习艺术或者说了解艺术对我来说最大的影响是能够更加主动地去思考“内与外”的关系，内是指向内了解自己，“外”是指向外审视自己所处的时空。

最初，在国内学习美术专业时，让我认为艺术本身是基于熟练掌握并习得某项技术的过程，当时比较注重单一地去了解所谓“艺术定义范围”内的东西，以及通过学习满足自己对创作工具的控制欲，因此忽视了很多真正影响了艺术潮流，看似和艺术无关的事物。

而后，我真正进入这个业界，开始实践并工作之后，发现各个领域的东西都有着千丝万缕的联系。艺术家应该对周围的世界（即使只是自身经验中的狭义世界也可以）保持敏感的状态。

↖⬆ 壁画作品《居住地 Settlement》，同日本 7R 室内建筑设计事务所的合作一系列壁画作品，融入了“梦境中亚洲建筑”的构思。

**现在，我认为有趣的艺术家
本身就是一个“过滤器”，
是一个把信息输入、过滤、输出的系统，
不同的“过滤器”映射出不同的世界。**

无论何时，我认为创作一定要真诚，因为艺术应该是对世界的真实反馈，再完美的谎言也经不起时间的考验。

**在 Imanotokyo 这次艺术创作中，
直观地体现了我的这些理解和思考。
这是一次公益性质的艺术创作活动，
召集了来自世界不同国家的插画家，
征集他们对东京现在的看法，
以及如何用艺术作品表现东京。
东京的城市与人是输入的信息，
各位艺术家的观察与筛选便是过滤。
最终每个人的画作都由不同的材料绘制，
不同的纸张来承载，
这便是输出。
这是一个不可逆的过程，
任何通过模仿他人作品进行的
创作过程再还原都是徒劳，
这便是我想说的谎言。**

Q 指导你进行创意性艺术工作的思想是什么？你的艺术创作中反映了你对人类、时代、宇宙的哪种思考？

A 指导我进行艺术创作的思想——并不是恒定不变，每个时期其实都会有微妙的改变——尤其是处于信息日新月异的 21 世纪。

我认为我们存在的这个世界是物质的也是精神的。而且物质与精神的相互影响与转化，在我的艺术思考中通常被描述为“里”宇宙和“大”宇宙的关系。在我们出生之前，就有很多事物已经存在了，并且被定好了规则，但

2017年在东京神保町的画展"妖怪吐息"中，
静电场朔和水墨画家本多丰国一起现场作画
《十二干支对战图》

⬆ “触电”艺术企划中，由静电场朔和萧子文绘制的角色。

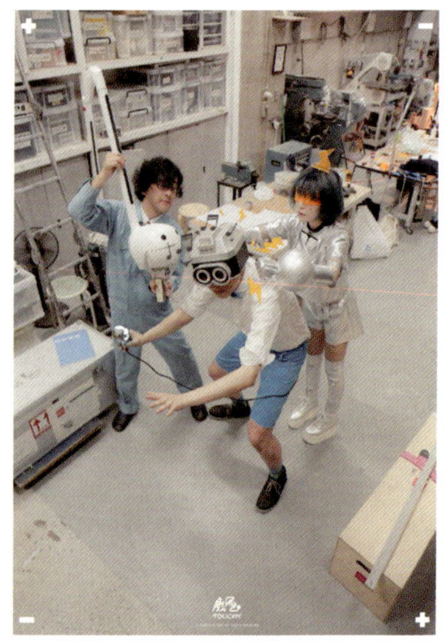

⬆ “触电”艺术企划中，和“相机生命体”Touchy 以及明和电机的演出海报。

我仍然抑制不住总是向这个既有的外部世界提出很多问题，很多东西的存在太“理所当然”，这个时候我就希望用不寻常的方法去表达或者去实行一件寻常的事儿。

这种内与外的信息交换与互相影响所产生的化学反应非常有趣，是我一直想要捕捉住的，仅仅存在一瞬的东西，影响其产生的时间、地点、人物以及一些只能用作品表达的思想。

总的来说，我的创作是想“捕捉”住这个想法处于合适位置时，产生的灵感火花。

Q 请介绍你的个人作品中，最具有新锐艺术特性的一个项目。你是如何在这个作品中将艺术与新锐多媒体结合的？

A 应该是我和 Touchy（相机生命体）合作的“触电”。

当时参加西安的 Maker Faire，“触电”与加拿大的 Make Fashion 团队合作，通过 LED 灯管与其控制程序在服装上的变化来表达角色的情绪。同时这个企划也拥有卡通形象的设定。我和 Eric 分别使用了不同的画风

⬆ “触电” 艺术企划在西安创客市集登场时贩卖的海报。

⬆ Cosmic Girls 系列角色插画，旨在表现不同年代的女生衣着，此系列还在持续更新中。

来绘制“触电”的两个角色。我们用真人来诠释“触电”与我们生活千丝万缕的联系，同时也量产了一些普通人也可以操作的简单电路。在现场也有一些小小的表演来解释其中的原理，包括和明和电机的共同演出，也成为这个项目的一个非常有趣的尝试。

Q “创造之心”可以理解为匠人精神，也可以是科学产品中体现的人性光辉。在艺术创作范畴内，你对“ 创造之心”的理解是什么？

A 我认为“创造之心”是如同造物一般的“无中生有”，是将无形的思想具象化，使其变成有形之物的行为。

Q 介绍一下大宇宙酿的成立契机，以及它独有的信条与特性。

A 在 5 年前还未留学日本的时候，“大宇宙酿”作为之后工作室的名字这件事就已经被决定了。日本大学院毕业以后，就在东京成立了这家以从角色为中心出发的创意设计公司。最初创造它的目的是想要创造属于 21 世纪的“角色”们。

⬆ 同日本摇滚乐队 HUMANDRIVE 的跨界合作，将硬盘塞入人类脑中，从另一个角度诠释 HUMANDRIVE 的字面含义。

⬆ Cubecat 快猫变身为饭盒的模样。

⬆ Cubecat 块猫角色的产品构想图。

如同酿酒一样，
“时间”和“内容”
是非常重要且关键的要素，
每个被创造的角色
（以及艺术家自身的角色）
都会如同器物中装载的美酒一般，
随着时间等因素逐渐发生质变，
最后变成对未来而言
非常美味的东西。
能够带给人们惊喜，
并能够代表其时代而存在。

Q 艺术创作对于你个人生涯来说，带给你的收获是什么？

A 收获的话，有形的和无形的都有。当人们对作品做出回应的时候，不管是正面的还是负面的，都是一种最直接的反馈，它们是非常珍贵的。尤其是现在的社交网络的即时性，会让各种声音很快地传达过来。和很多不问世事的艺术创作者的看法不同的是，我觉得这些声音非常有趣，并且从中学到了很多。同时也要注意这些信息也是被过滤过的。

我希望作为创作者的大家能更多地去发现真实，不要过度依赖已经被加工过的信息。

Q 对自己近期在多元艺术领域的发展有什么预期和规划？

A 今年大宇宙酿工作室有几个比较大的企划在进行中，其中将多元化艺术以及角色（吉祥物）设计应用在城市建设以及传统文化的再生长，这些课题是今年的重点。

就我个人的艺术创作而言，今年也有很多非常关键的挑战。人们已经不满足在一个维度上去理解和感受艺术作品，那么如何在其之上添加这个时代特有的元素，也是我需要去思考的问题。

1MILLION an expression of SOUL ART

文 / 李晓宇 林默成 Text / Li Xiaoyu, Lin Mocheng
图 / 1MILLION Photo / 1MILLION

1MILLION 彰显灵魂艺术

⬆ 1MILLION SUPER WEEK（1MILLION 超级周）现场：May J Lee

1MILLION SUPERW
GROW
with
US

1MILLION 舞蹈工作室是韩国极具权威性习舞之地，位于韩国首尔江南区。该舞蹈团体起初由 Lia Kim 与其几位学生组成，2013 年之后正式更名为 1MILLION。1MILLION 拥有众多国际知名的人气编舞老师，他们不仅教授舞蹈，也为 JYP、YG、SM 等大型娱乐公司进行编舞指导。李孝利、TWICE、Wonder Girls 等知名艺人很多舞蹈均出自 1MILLION 之手。

➡ 1MILLION SUPER WEEK 现场：刘隽。
⬅ 1MILLION SUPER WEEK 现场：May J Lee。

Urban dance，即都市编舞在当今时代更是为人所推崇。它是一种为呈现最优秀的视觉效果，以编舞为手段融合无数舞种的舞蹈形式。将其做到极致的当数 1MILLION 舞蹈工作室，它是韩国人气第一的舞蹈工作室，其声名更是远播国际。几位编舞老师可谓大师级人物，在韩国具有很高地位。不断加入 1MILLION 的新鲜血液也是他们不断保持行业第一的关键要素。1MILLION 的存在既打破了刻板印象，也重塑了舞者形象。

1MILLION 创始人之一 Lia Kim 在韩国极负盛名，成就无数，如在 2007 年拿到韩国 popping 和 locking 双料冠军，精通舞种之多令人咋舌，被称为"星级编舞师""K-POP 的幕后推手"，其学生也均是一等一的高手，K-POP 巨星李孝利是其得意门生之一。此外，编舞工作因需要编舞老师对舞曲有极强的领悟能力，才能在一首歌曲中融入舞蹈元素，因此该舞蹈工作室的老师经常出国学习。

1MILLION 常年为 JYP、YG、SM 等大型娱乐公司编舞，所以时常可以看到某个韩国知名艺人在 1MILLION 的其中一间教室里目光如炬，全身心投入练习舞蹈的身影。当然，出自工作室之手的作品更是数不胜数。如 BoA 的 *FOX*，TWICE 的 *TT*、*KNOCK KNOCK*，鹿晗的 *Role Play*，Wonder Girls 的 *I Feel You* 等。同时，该舞蹈工作室在 YouTube 等网站上公开上传的视频，关注者超过 600 万。

⬆ 1MILLION SUPER WEEK 现场：受到热烈欢迎的粉丝见面活动。

1MILLION 的舞蹈风格多样，
舞蹈中既体现优雅，又表达刚强；
既有柔美，又有力度；
既能跳得富有活力，又可舞得性感十足。
正是这样一个具备
多元素的舞蹈聚集地，
才能释放出独特个体的真实、
传递舞蹈艺术的灵魂。
对于一名舞者来说，
当跳舞像是空气、水分一样
已成为维持生命体的必需品时，
那么舞者的魂与舞的融合
便透过舞蹈艺术直击观者的内心。
作为观者来说，
我们看到的也不仅仅是舞蹈，
透过舞蹈更能体会到
舞者的竭尽生命和富有张力的灵魂。
尽管 1MILLION 在韩国乃至世界

⬆ 1MILLION SUPER WEEK 现场。

如此负有盛名，但工作室的老师们却依然"脚踏实地"，他们曾说：

"我们与你一样，还很年轻，还不够成熟，通过舞蹈，让我们再好好认识一次自己。"

透过 1MILLION 舞蹈工作室，
可以深切地感受到舞蹈群体没有界限，
它不只是专业人士的所有物，
只要热爱舞蹈，便可以拥抱舞蹈，
感受舞蹈，展现独特自我。

1MILLION 舞蹈工作室将看似遥远的舞蹈带到每一个普通人身边，把大师的编舞与舞蹈教育有机地融合起来。从 1MILLION 舞蹈工作室创立到现在，来自韩国、中国、美国、欧洲、日本等世界各地的舞蹈爱好者都曾参与到他们的舞蹈课程中。1MILLION 课程的舞蹈级别从初级到高级均有覆盖，通过一次或者多次的课程学习，掌握老师的舞蹈动作，让每一个参与者都能感受到舞蹈带来的欢乐。1MILLION 每年还会举办海外的 SUPER WEEK 活动，让全世界的人感受到 1MILLION 舞蹈的魅力。

LION SUPERWEEK
ROW
with

⬆ 1MILLION SUPER WEEK 现场：Junsun。

⬅ 1MILLION SUPER WEEK现场：Koosung 和 Yoo-jung。

Q 工作室为什么起名 1MILLION？有没有什么特殊的含义与寄托？

A “1MILLION”最初意义为“inspire 1 million”，最初的目的就是希望能通过我们的舞蹈去影响全世界范围内更多的人，去了解舞蹈的乐趣。

Q 我们观看了网上流传的 1MILLION 的视频。1MILLION 正在利用新媒体来展现舞蹈艺术，并且这些视频有着区别于传统媒介的独特视觉、听觉的审美享受，我想这也是您工作室独树一帜的因素之一吧。可以简要给我们介绍一下您工作室作品的总体风格共性是什么吗？

A 我们每位老师都具有自己独树一帜的风格，多位独一无二的老师构成了现在的 1MILLION，所以我们的总体风格很难用一个单词去定义。1MILLION 本身就是希望可以包容下所有个性而存在的一个“space”（空间）。

Q 每次看完 1MILLION 的舞蹈视频都感受到了这些舞蹈的激情和创意，在编舞过程中的灵感都来源于哪里？

A 编舞的灵感来源，其实每位老师都是不一样的。概括来说就是来源于生活中的每个细节，生命时间线上的每个瞬间。比如 Junsun 老师的 *24k Magic* 的编舞作品中，有一些动作是他在看漫画时候突然获得的。MayJ Lee 老师的 *Worth It* 是她在家里听到这首歌时瞬间来的灵感并在一小时内编完的，这首歌在 YouTube 的点击率快破亿了。还有刘隽老师最新编舞的 *This Is Me*，这是他在看电影的过程中被感动而产生的灵感。所以说，灵感的来源并没有一个具体的规则或者范围。

Q 1MILLION 是如何不断地去创新，编出新的舞蹈姿势的？

A 多去感受生活的方方面面，
以及多与各类人群接触吧。
这样会互相传递新的能量、新的灵感。

Q 请问老师们在编舞中遇到过哪些困难？

A 最困难的应该是瓶颈期，是很多舞者都会遇到的一个问题。遇到瓶颈期的时候，无法创作出作品，或者说无法创作出令自己满意的作品。一般在这种时候，我们每位老师都有自己的过渡办法，以一颗平常心面对这点。

Q 看了很多 1MILLION 的舞蹈视频，发现老师们把表情和舞蹈动作都结合得非常完美，请问老师们是如何在保证舞蹈动作完美的同时提升表现力的？

A 多练习。把每一个需要照顾到的面都分开练习，再综合起来练习。这是最好的办法。

Q 您认为您工作室的最独特之处是什么？除韩国国内课程外，您工作室也在进行海外教学。在海外的课上会传授哪些方面的知识？在您看来，进行海外授课的意义是什么？

A 我们目前只是一个
传递快乐舞蹈精神的空间而已，
最独特的地方我觉得是
这边积聚了非常多
有着共同梦想的年轻人，
他们传递的能量非常强大，
不可小觑。在一间教室里，
所有的学生为同一个梦想在努力，
欢笑的能量是非常难能可贵
并且让人激动的。

海外教学，我们会尽量延续与韩国教室相同的教学方式，但是有时因为人数过多可能无法实现同样的进度，但是在教学方式上是类似的。

海外授课的意义，一是让许多喜欢我们但又无法直接来韩国学习的同学可以有这样一个学习机会；二是每个国家、每个城市都有不同的人文文化与社会氛围，我们也希望我们的老师通过海外巡回的授课与当地的学生有更多的交流，碰撞出更多在韩国所感受不到的新的能量。

➡ 1MILLION SUPER WEEK 现场：Mina。

RWEEK
2002

Art Hand

by
于瑶

文 / 纸纸 Text / Zhizhi 绘 / 于瑶 Illustration / Yu Yao

Pho-to-gra-pher

“极影 Adventurre X”的成员是一群生活在世界各地的中国年轻人。现成员为：周游（Jo You）、储卫民（Thomas Chu）、史飞（Fei Shi）、潘玮浩（Pan Weihao）、史炎冰（Yanbing Shi）、姚明来（Miller Yao）、汗斯（Hans）。因为共同的爱好，这六位风光摄影师与一位职业探险家组成了户外摄影团队“极影 AdventureX”，致力于弘扬户外探险的精神，传播风光摄影的乐趣。

文 / 林默成　Text / Lin Mocheng
图 / 极影 Adventure X　Photo / Adventure X

天地之间有大美，一山一水一世界。关于摄影，再完美的技术，也不过是实现目标的途径而已。而对于极影 Adventure X 团队而言，摄影的乐趣则更多的在于跋涉、拍摄和分享的过程。

“世之奇伟、瑰怪，非常之观，常在于险远，而人之所罕至焉”。极影 Adventure X 成立的初衷恰是缘于对风光摄影的理解，和成员户外经历的吻合。每一位成员摄影作品的酝酿，不是曝光所需要的那几秒或多少分之一秒的时间，而是在抵达摄影地，打开快门之前，那一条漫长的旅途上，对自我极限的挑战。

在山水美学上，讲究三个必备条件，即所至、所赏、所感。第一步是自己须身在山水之中；第二步是用你的眼睛和心灵去观赏；第三步是调动全部的生命去感受。从印度拉达克到巴基斯坦乔格里，从美洲阿拉斯加到大洋洲塔斯马尼亚，从西藏喜马拉雅到新疆喀喇昆仑，极影的每一位队员，都用自己的热情和信仰，追逐着世界上最极致的光影。

摄影的乐趣在于专研，我们都像极客（Geek）一样热爱钻研各种新奇的摄影技术和后期手法，但摄影的快乐更在于分享，我们也像极客一般乐于分享自己的发现和思考。把西方的摄影技术带到中国，把中国的户外风光推向世界，把摄影的美好分享给每一个人，是我们的理想和追求。

徒步的尽头，世界第二高峰 K2，乔戈里峰，位于中国和巴基斯坦交界处，后面就是新疆克勒青河谷。

大川口塔（Great Trango Tower），巴基斯坦的标志性巨峰之一，在阴暗的云雾和光影中显得格外迷人。

沟壑纵横的冰岛中部冰川上，两位穿着红色大衣的攀冰者在这广袤的蓝白冰晶之间显得格外的渺小。

EM: 03

海拔 4300 米的巴基斯坦 Goro 地区沟壑纵横的高山冰川。沿着冰河仔细探索，我们终于发现了一个可以进入冰川内部的裂缝。下午强烈阳光照耀下的寒冰，蔚蓝而深邃，冰川融水从照片右侧的冰缝上奔腾而下。

有幸在格陵兰岛第一次看见了漫天舞动的极光。照片右侧是延伸到峡湾里的巨大冰川。30年前冰川大概在我露营的位置。但是因为气候变暖，冰川正在快速消失中。

拍摄于印尼婆罗摩 - 腾格尔 - 斯摩鲁（Bromo-Tengger-Semeru）火山区国家公园。形态奇特的怪树加上后面浓烟滚滚的几座火山让人仿佛回到了侏罗纪。

Ex-peri-en-tial Mas-ter

by

Lexus

王奥林

文 / 林默成
Text / Lin Mocheng
图 / 上海芮拓网络科技有限公司
Photo / REnextop

王奥林被誉为“将自由潜水带到中国，将中国的旗帜带向世界”的人。自由潜水不携带氧气瓶，仅凭自身肺活量的调节，王奥林通过训练自己的身体、应对生理和心理上的恐惧，从而实现二者的平衡。他是中国自由潜水深度纪录保持者、2017年度世界总排名第7。从一名自由潜水的爱好者，到2015年第一次参加自由潜水的比赛，发展为一名职业自由潜水运动员，王奥林受到多名世界纪录保持者指导，填补了中国在自由潜水这项运动中的诸多空白。

“Danger is real, Fear is a choice.”(危险真实存在，恐惧则是一种选择。)

Ranulph Fiennes

文 / 李晔 胡任婧妍
Text / Li Ye Konin
图 / Ranulph Fiennes Joyce Burnett
Photo / Ranulph Fiennes Joyce Burnett

Ranulph Fiennes 是一名英国探险家，多项耐力纪录的保持者，同时又是一位多产的作家和诗人。他是19部小说和非小说类书籍的作者，是第一个完成拜访南北两极成就的人，是第一个穿越南极与北冰洋的人。他和同伴查尔斯·伯顿一起，首次通过地表旅行（SurfaceTravel）的方式，完成了沿极轴环航世界。2009年5月，65岁的他登上了珠穆朗玛峰的顶峰。根据1984年当年度的吉尼斯世界纪录显示，他被评价为世界上最伟大的探险家。

“追求无谓的精神。”

辜笑
Xiao Freya Gu

文 / 林默成
Text / Lin Mocheng
图 / 辜笑
Photo / Xiao Freya Gu

辜笑生于北京，现居纽约。童年辗转多个地方的经历造就了她对多样的民族风俗和自然环境的强烈兴趣，也启发了她后来选择行万里路，用镜头记录珍贵的自然风光，关注社会边缘人群的想法。过去的几年，辜笑先后走过了南极、北极、非洲等地，还攀爬了非洲屋脊——乞力马扎罗山。既有过被东非的跳蚤咬得遍体鳞伤的惨痛教训，也经历过南极划船落水的尴尬。她的作品多次获得国际奖项。2017年辜笑的摄影作品《巡游冰川间》（*Cruise Through Glaciers*）获法国PX3摄影比赛旅行类金奖。

“读万卷书，也要行万里路，用自己的双眼去观察，双腿去丈量这个世界。”

许博尧
（許博堯）

文 / 林默成
Text / Lin Mocheng
图 / 许博尧
Photo / kyo

许博尧出生于中国台北。日本认定心理士。日本弓道本多流门人，全日本弓道联盟五段。现华人最高段位，最年轻的五段者，东京都学生弓道联盟 95 年来首位外国主将。受《射艺与禅》一书的影响，开始弓道稽古。许博尧认为弓道不只是射术，更是一种儒家文化修养的累积。为推广弓道文化，他在中国台北和北京先后组建了竹久弓道场和澄明弓道场，创立首个汉语弓道主题博客，点击量超过 18 万，将这门古老的日本武道传播到中华大地。

"我们穷尽一生，其实就只为将'刹那'，留在记忆，变成'永恒'。刹那即永恒。"

灰昼

前奥美副创意总监，
现赤云社创始人，设计师。
作品主要探索数字艺术在
设计中（时间和空间中）带给人的
感官体验和可能性。

杨明洁

YANG DESIGN 及羊舍
创始人、设计总监，
福布斯中国
最具影响力设计师，
同济大学客座教授。

人类通过劳动改造世界，创造灿烂的文明，创造使自己身心富足的物质与精神财富。几千年繁衍生息的历史，人类离不开创造精神的推动，而对造物活动进行的预先计划，便是设计。

设计最初的构想仅仅在于增加实用性。人类通过发挥自己的创造力，从实用主义的角度出发，创造出更便捷的产品。而随着人类文明的进一步发展，现在的设计则被人们定义为"设计师有目标、有计划地进行技术性的创作与创意活动"。设计不再仅仅是考虑实用性或是纯商业目的，也不被现有的科技发展水平所限制，而是更多地立足于审美，在创造的同时，也是艺术的创作，并且更加着眼于人类社会和自然环境的和谐相处。

秉持着这样的信念，LEXUS 雷克萨斯于 2013 年设立 LEXUS 雷克萨斯设计大奖。2018 年的创意主题是"CO-"，这是一个拉丁语前缀，意为"和谐共生"。在此意义上，"CO-"旨在通过设计探索更多的可能性。无论是实现废旧衣物的循环再利用的再生纤维养护盆栽，还是激励人们和谐共生的新型住宅系统，设计师们为解决一系列全球性挑战，克服重重阻碍寻求方案，提倡自然与社会的和谐共生。设计与创造相辅相成。设计为创造建设蓝图，创造为设计指明方向。那些成功的设计师怀揣着"创造之心"，用手中的画笔，为我们描绘未来生活图景，开启一个又一个新世界的大门，为人类创造着美好的未来。

Dia-logue

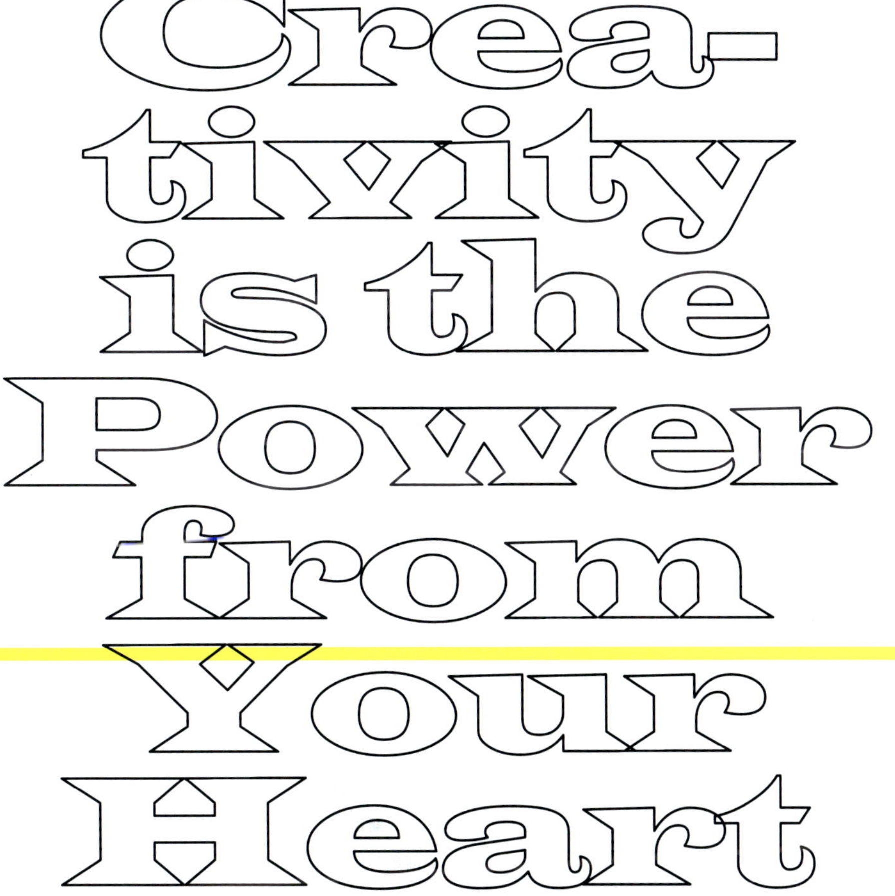

创造是心的力量

文 / 胡任婧妍 李晔 林默成 Text / Konin, Li Ye, Lin Mocheng
采访 / 胡任婧妍 Interview / Konin
图 / 灰昼 杨明洁 Photo / Hui Zhou, JAMY YANG

C4D Freestyle# Color-trap（# C4D 自由形式 # 色彩捕捉）。

指导你工作的创造性思维的核心思想是什么呢？在设计中，如何达到个人价值的实现与服务大众之间的平衡？

灰：一定要在创作中找到一个可以打动人心的概念为核心。没有找到这个东西是无法开始创作的。在商业设计中，好的设计一定是诚实的。你可以去融入自己的风格，但是要懂得克制。要去理解大众真正需要什么东西。一开始想的东西总是脱离实际的。随着项目进展，我会克制自己，不断地修正不切实际的部分。

杨：设计对我而言就是在解决人与物、与环境之间的关系。设计师的工作应该是为人类创造一种更为合理的生活方式，所以设计师的价值应该体现在他所做的设计为用户创造了多少价值。个人价值的实现与服务大众之间并不矛盾。

从好的设想到其成型，中间会经历一些波折，你是如何克服自我局限，度过灵感干涸期，让自己的创造思维重现活力的？

灰：其实我并不相信“睡一觉就会有灵感”这种事情。灵感来自于你不断地去思考和尝试时，突然跳出来的那一种可能性。灵感干涸的时候，我会有很多的方法来寻找灵感。这些方法来自于之前在奥美的一些创意发想的训练。通常每周我都要想上百个创意。比较常用

《梦中梦》——关于“梦”字的 Cinemagraph
（静态照片中神奇的细微运动技术）实验影片。

的方法是，不要局限于当前的领域，尝试着从其他领域优秀的创意中汲取想法。另一个需要注意的是，灵感通常来自于身边一些微小的观察。但往往转了一圈才发现，好的灵感其实就在身边。

杨：设计师与艺术家不同，设计满足用户，艺术满足自我。从这一点来讲，设计师所做的工作面临着诸多限制，很多时候并不是单靠灵感能解决问题的。需要很理性的分析，发现表象背后的逻辑关系，才能从根本上去做出创新。

可否谈谈你对“创造之心”的个人理解？

灰：可能我并没有特意的留意过这个概念。这个在我数十年的设计生涯里已经成为本能。当你想到一个很棒的想法的时候，这个想法就不断回旋在脑海里面了。通常这会产生无法抑制的创作冲动。比如《梦中梦》这个实验短片其实来自“落叶归根”。两年前我一直在思考一个问题，就是宇航员在数百年的星际旅行中，会不会产生特别强烈的乡愁？这些思考的碎片可能来自于塔可夫斯基和库布里克电影中的一些感悟。那是种很强烈的孤独感。想法产生之后我会竭尽全力地把它实现。短片的形式也是因为我比较喜欢科幻的题材。中间遇到的困难很多时候是技术上的，但技术其实也是最好克

羊舍造物博物馆与“虚山水”庭院，获德国红点奖、中国最佳酒店设计奖、入选中国设计权力榜。

服的。只是两年时间可能有点久。

杨：我认为的“创造之心”是每一位设计师都应该具备的。对我而言，人的一生就是一场接着一场探索未知世界的旅程，而死亡或许就是一场终极的未知体验。始终保持一颗“创造之心”，才有可能获得持续不断的动力，发现与创造一个前所未有的世界。

拿到一个设计项目的时候，通常会从哪个角度寻找切入点？你是如何在作品理念中体现“创造之心”的？

灰：分为两种，一种是平常总会积累一些这样那样觉得很妙但是当时无法实现的想法。然后，我会从中寻找是不是和项目有契合的部分。第二种是从项目本身出发，通过分析产品定位，寻找能触动用户的一个点。比如DDplay应用程序来自于一个非常朴实的想法，某些有趣的循环小动画可以让人呆呆地看很久。所以我想到了设计一段有趣的循环天气动画的手机应用。比如下雨的时候，你会看到一朵下着雨的云飘过，从地面上长出来东西。非常简单但是能让人看很多遍。

杨：设计的诉求分为几个层面，即观察者层面、使用者层面、生产者层面、拥有者层面与社会层面，对应满足的其实是人的生理、心理、情感、自尊、自我实现。从农业文明、工业文明到现今的数字文明，人类的需求与欲望不断地在改变，设计由此也在不断改变，

羊舍家居系列扶手椅“榫卯的重构”，获美国IDEA奖。

羊舍出行系列碳纤维智能旅行箱，获日本G-Mark奖、德国iF奖。

为的是让人与物、与环境之间的关系更为合理。同时，不断进步的材料、工艺、技术也为设计师的创新提供了越来越自由的空间，然后创新不断持续。

当你在追求“创造之心”精神时，知识、智力与人格这三项因素，哪项对你影响最大？

灰：智力影响最大。但并非常规意义上的智商。其实我愚钝得很。只是通过不断地思考和总结形成自己的一套系统的原创的方法。

杨：人格。

以你的经验与阅历，最想对于领域内的新人说的一句话是？

灰：当你通过一些方法去达成了一个不错的目标，有意地还是无意地都好，学会把这些东西总结下来。然后在接下来几年里不断地去锤炼和打磨，或者修正这些方法，将会受益一生。

杨：让自己变得纯粹一点，坚持信仰式的价值观，专注于真正有意义的事情将其做到极致！而不是功利的价值观，哪里有利可图，就改变方向，那意味着永远没有方向！

受访人／Interviewees

teamLab 创立于 2001 年。这个跨学界的团队汇集了各个领域的专业人士，他们旨在通过共同创作的行为去融合艺术、科学、技术、设计，以及自然界。团队成员包括艺术家、程序员工程师、CG 动画师、数学家、建筑师等。

Studio Drift 由荷兰艺术家 Ralph Nauta 和 Lonneke Gordijn 于 2007 年共同创办。他们的作品曾斩获多项国际奖项，在英国 V&A 博物馆、荷兰国家博物馆、威尼斯双年展等重要机构及群展中展出。

SeeekLab 一个集合了跨学科背景的新媒体装置创作团队，热衷于艺术、媒体和科技的交叉创作。SeeekLab 始终在作品中追求装置对于人情感的意义，创作跨越人类情感和科技之间的界限，找出表达观点的新方式。

Eric Siu（萧子文） 香港新媒体艺术家，对于设备艺术、互动艺术、动力学、装置、影像及动画有广泛的兴趣。目前在东京 Great Works 担任创意总监。曾任东京大学的石川奥研究室驻场艺术家。

小湊昭尚 日本尺八青年演奏家，民谣小湊流掌门长子。1978 年出生于福岛县，十岁遵从父亲意愿学习尺八。1995 年拜琴古流尺八的人间国宝山口五郎为师，2001 年毕业于东京艺术大学尺八专业。他善于将传统乐器尺八与西洋乐器、流行音乐相结合进行演绎，保留传统的同时，又为传统注入新的生命力。

Alexandra Kehayoglou 1981 年出生于布宜诺斯艾利斯，是一位视觉艺术家，她有一手享誉世界的独门技艺——手工编织的艺术地毯。

青山周平 知名青年建筑设计师，B.L.U.E. 建筑设计事务所创始人，生于日本广岛，现居北京。他致力在建筑设计之中探寻人与自然、生活、文化之间的美妙关系，其作品风格低调简约而温暖丰富，赋予了建筑改变生活的魔力。

户水贤志 日本玻璃艺术家，曾获 J-Wave“Atelier Nova”设计大奖。2008 年起开始制作耐热玻璃饰品，其代表作“宇宙玻璃珠”制作精美、工艺精湛，宛若一个微型的浓缩宇宙，如幻如梦，广受好评。

静电场朔 知名新锐设计师、插画师、自由撰稿人、模特、动漫形象块猫的创始人。

1MILLION 韩国人气第一的舞蹈工作室，位于韩国首尔江南区。

王奥林 中国自由潜水运动员，被誉为“将自由潜水带到中国，将中国的旗帜带向世界”的人。

Ranulph Fiennes 英国探险家，多项耐力纪录的保持者，同时又是一位多产的作家和诗人。

辜笑（Xiao Freya Gu） 摄影师，生于北京，现居纽约，常年用镜头记录民俗、自然与边缘人群。2017 年获法国 PX3 摄影比赛旅行类金奖。

许博尧 日本弓道本多流门人，全日本弓道连盟五段，竹久弓道场和澄明弓道场创始人。

摄影师／photographer

极影 Adventure X 六位风光摄影师与一位职业探险家组成了户外摄影团队“极影 Adventure X”，致力于弘扬户外探险的精神，传播风光摄影的乐趣。

对谈嘉宾／Guests

灰昼 前奥美副创意总监，现赤云社创始人，设计师。作品主要探索数字艺术在设计中（时间和空间中）带给人的感官体验和可能性。

杨明洁（JAMY YANG） YANG DESIGN 及羊舍创始人、设计总监，福布斯中国最具影响力设计师，同济大学客座教授。

插画师／Illustrators

于瑶 LxU Studio，插画师、视觉设计师。现居北京。